Regalo de
Pedro Pablo Permuy
Feb. 23/1993.

DIEZ DÍAS
EN
CUBA

McLean VA.

Christopher Kean

DIEZ DÍAS EN CUBA

Mensaje de la disidencia a la diáspora

FREEDOM HOUSE
NEW YORK

OF HUMAN RIGHTS
WASHINGTON

Freedom House
48 E. 21st St.
Fifth Floor
New York, NY 10010

Of Human Rights
P.O. Box 2160 -- Hoya Station
Georgetown University
Washington, DC 20057

Cover photograph by Anna Husarska.

ISBN 0 - 932088 - 78 - 3

Índice

Lista de fotografías*

*Salvo indicación en contrario, las fotos son del autor.

CUBA DIÁSPORA

1. Su Santidad Juan Pablo II conversa con los Monseñores Eduardo Boza Masvidal y Agustín Román, dos de los tres Obispos cubanos de la diáspora (*foto Revista Ideal*).

2. Monseñor Boza Masvidal con los otros dos Obispos cubanos de la diáspora, Monseñores Agustín A. Román y Enrique San Pedro S.J., en Miami (*foto Revista Ideal*).

Presentación

CON EL TÍTULO de *Mensaje de la Disidencia a la Diáspora* se hace esta publicación, patrocinada por FREEDOM HOUSE y OF HUMAN RIGHTS, dirigida especialmente a todos los cubanos que están fuera de Cuba y que considero de gran utilidad para todos los que sinceramente trabajan y luchan por la libertad de Cuba.

La primera parte esta constituida por una serie de entrevistas a dirigentes de los grupos de disidentes dentro de Cuba. Creo que hay que resaltar en primer lugar la valentía de estos grupos que hablan claro y sin miedo del terror que se vive en Cuba, y su ejemplo y su acción van haciendo que el pueblo vaya perdiendo también el miedo. Es muy fácil nadar fuera del agua y hablar duro desde las emisoras y los periódicos de Miami, pero no es tan fácil cuando se está en medio del mar embravecido que amenaza tragarnos, y esto merece respeto y admiración. Creo que en los primeros momentos hubo mucha incomprensión e justicia de parte de algunos cubanos y grupos del exilio y que se les aplicaron a estas personas lamentables calificativos que nunca debieron emplearse. Gracias a Dios, me parece que esto ha cambiado porque se ha visto su sinceridad y honestidad.

En segundo lugar, resalta en estas entrevistas la madurez de estas personas que saben ponerse por encima del desbordamiento emocional de las pasiones negativas de odio y de venganza, y buscar el verdadero bien y la reconstrucción de la patria en justicia y libertad, sin intereses personales. Allí no se habla de recuperar dinero o propiedades sino de recuperar a Cuba que es lo importante, poniendo cada uno su esfuerzo y su sacrificio.

Quiero hacer notar unos cuantos puntos que me parecen especialmente importantes:

1. A través de estas entrevistas se ve claramente el verdadero sentido del "diálogo" de que ellos hablan, que es completamente distinto de lo que piensan los que les llaman despectivamente "dialogueros". No se trata de dialogar con quien es incapaz de dialogar, ya que ha dicho claramente que no quiere diálogo ninguno sino **socialismo o muerte**, sino de que todo el pueblo cubano reflexione y tenga la oportunidad, que le ha sido negada durante treinta y dos años, de manifestarse libremente.

2. Quieren un cambio pacífico pero profundo que vaya más a la raíz. Yo creo que ningún buen cubano puede querer ver a Cuba sumida en un baño de sangre y de dolor, como si no hubiera habido ya bastantes muertos y

bastantes sufrimientos. Pacífico no quiere decir cosmético, pues tiene que ser profundo, de régimen y de personas, y ése es el propósito de esos grupos.

3. Buscan la unidad. Unidos somos fuertes. Entre los diversos grupos disidentes en Cuba hay diferencias, pero se han unido en lo fundamental, porque la unidad no es uniformidad. Quieren la unidad con el exilio, cuyo papel valorizan muy positivamente en la lucha por la libertad de Cuba, aunque la circunstancia geográfica haga que sea distinta la contribución que cada uno pueda prestar. Esa misma unidad es la que piden también a los distintos grupos del exilio, llamándolos a suprimir lo que ellos llaman con mucha razón "el rasgo fidelista de la intolerancia". Creo que si todos nos ponemos en esa línea ganaremos mucho en la causa por la libertad de Cuba y por su futura reconstrucción.

Finalmente, en esta publicación hay un apéndice con una serie de documentos interesantes sobre la Iglesia en Cuba y su posición en estos momentos, que sin asumir papeles que no le tocan sino en el plano de los principios, está defendiendo con valentía los valores de nuestra cultura, la dignidad y los derechos de la persona humana y la fidelidad a su conciencia que deben tener los católicos en la vida publica. Es una Iglesia **viviente** que en medio de grandes dificultades y limitaciones está manteniendo viva la fe de nuestro pueblo y a la cual le debemos también nuestra solidaridad.

Espero que estas páginas sirvan para conocer mejor a nuestros hermanos que están dentro de Cuba y darnos cuenta de que somos un solo pueblo y una sola Iglesia, unidos ahora en un mismo dolor pero también en una misma esperanza de volver a tener una patria democrática y libre "con todos y para todos". Que Dios y la Virgen de la Caridad nos ayuden a conseguirlo.

Monseñor EDUARDO BOZA MASVIDAL
Obispo de Vinda
Caracas, Venezuela   Presidente del Consejo de Directores
20 de mayo de 1992   OF HUMAN RIGHTS

3. El liderazgo de la disidencia (María Elena Cruz Varela, María Celina
   Rodríguez, Elizardo Sánchez Santa Cruz, Yndamiro Restano y otros)
   en conferencia de prensa del 7 de octubre de 1991, anuncian la
   Concertación Democrática Cubana (*foto Anna Husarska*).

4. Vista de La Habana desde la ventana del hotel de Christopher
   Kean.

Prólogo de la edición en español

HACE MENOS DE tres meses que Frank Calzón, Director Ejecutivo de OF HUMAN RIGHTS y Representante en Washington de FREEDOM HOUSE, me entregó un borrador de las transcripciones de un grupo de entrevistas tenidas en La Habana, por un funcionario de FREEDOM HOUSE, en ejecución de un proyecto conjunto de ambas instituciones en el mes de octubre pasado. Los entrevistados eran la dirigencia de los distintos grupos de Derechos Humanos y otros líderes disidentes del régimen que ha gobernado en Cuba desde enero de 1959. Quería mi opinión sobre si el documento mantenía actualidad como para publicarlo ahora, más de seis meses después, en español, para los cubanos residentes fuera de Cuba.

Leí el material de una sentada, y el día siguiente informé a Frank del tremendo impacto que la lectura había tenido en mí y de la gran utilidad que estoy convencido puede tener para la categoría de lectores proyectada. De inmediato, nos comunicamos con Christopher Kean, Coordinador de Proyectos Especiales de FREEDOM HOUSE, con sede en la oficina de Nueva York, quien había viajado a Cuba y hecho las entrevistas. En un español tan cubano como las palmas, Chris, como le dicen todos familiarmente, mostró gran entusiasmo por esta alternativa, me informó que disponía de las transcripciones y que, después de su conversión a mi sistema de procesamiento de palabras, las enviaría rápidamente para que colaborara en su edición, pues su español verbal es superior al escrito. Acepté gustosamente el encargo; en un par de días me llegó el material disponible y comencé mi colaboración.

Antes de seguir, querrá el lector saber algo de Chris y de su acento cubano en español. Él nació en New Jersey, en 1965, hijo de Luz María Silverio Ferrer, cubana por ambos lados, y de su esposo, el norteamericano Robert Kean; estudió en la Universidad de Georgetown donde se graduó en Relaciones Internacionales. Una de sus particulares experiencias era haber colaborado con el nuevo Gobierno de Checoslovaquia con posterioridad al ejemplar cambio hacia la democracia de ese país y también visitado a Cuba antes de su último viaje. Los cubano-americanos que tienen hijos bilingües nacidos aquí saben que el acento cubano es contagioso y con esto termino la explicación.

Esta edición es gemela de otra, en inglés, aún en preparación. Sin embargo, nos ha parecido que es conveniente poner el material editado hasta el momento a la disposición de los cubanos de la diáspora, entendido este término en su más amplio alcance e incluyendo, por consiguiente, a todos los cubanos que hayan emigrado de Cuba, independientemente del país de su residencia y del de su nacionalidad.

Todas las entrevistas contienen un claro mensaje de solidaridad de la disidencia hacia la diáspora, pues los entrevistados consideran que la solución definitiva de la situación cubana corresponde sólo a los cubanos, de dentro y de fuera, sin descontar, desde luego, el apoyo internacional bilateral, pero, sobre todo, multinacional, que entre todos consideren aceptable.

Surge claramente de esos cambios de impresiones, que siempre tuvieron lugar en ambiente de franca camaradería, que los cubanos residentes en Cuba han llegado a la dolorosa conclusión de que el régimen que gobierna en el país no respetará jamás los derechos fundamentales, inherentes a todo hombre, que constituyen el fundamento de la dignidad humana y que ese régimen, y la "cúpula" que lo preside, son, por ese motivo, del todo inaceptables.

La disidencia, poniendo en riesgo cada día la vida y la "libertad", en el limitadísimo sentido que cabe darle a la que se reconoce a los residentes en la Cuba de hoy, lucha en estrecha colaboración recíproca por la restauración de la democracia política y económica en Cuba, por medios exclusivamente pacíficos y públicos, que eviten más derramamiento de sangre cubana; y en esa lucha esperan y piden el más decidido apoyo de la diáspora, con los medios de que ésta dispone.

Manifiestan que el sistema económico que se impuso en Cuba a partir de 1959 ha sido un estruendoso fracaso que sólo ha podido subsistir a través del desaparecido subsidio foráneo, el que ha convertido la fuerte economía nacional en un mecanismo artificial e inoperante de subsistencia que se va haciendo, con inexorable persistencia, cada vez más difícil, sin la menor esperanza respecto al futuro.

Muestran, además, una profunda madurez política y democrática, un tremendo sentido realista de las dificultades que tal retorno a la realidad plantea y un sincero sentimiento de hermandad con la comunidad cubana de la diáspora, a la que atribuyen un importante papel en ese proceso, que habrá de traducirse en acciones esenciales en el muy corto plazo y en un papel protagónico en las etapas subsiguientes del proceso.

Finalmente, ante la posibilidad de un cambio, varios de ellos se refieren concretamente a la necesidad de que las tareas iniciales de mantenimiento del orden público, el suministro de alimentación y tratamiento sanitario al pueblo cubano y la convocatoria inmediata a una asamblea constituyente y a elecciones generales, en las que participen **todos** los cubanos, queden a cargo de un gobierno provisional de unidad nacional, y, por consiguiente, pluripartidista, que lleve a un gobierno insospechablemente democrático.

De ese modo, las grandes decisiones sobre el destino democrático de Cuba y de todos los cubanos constituirán la responsabilidad de un gobierno elegido democráticamente dentro de un marco jurídico constitucional que sea el resultado de ese previo proceso de plena apertura a una democratización integral, y sus decisiones respecto a la transición a la economía de mercado contarán seguramente, de esa manera, con el total respaldo de **todo** el pueblo cubano.

Estoy convencido de que esos planteamientos pueden llegar a constituir el principio de un movimiento hacia una armonización y reconciliación nacional que lleve a una salida incruenta en el retorno a la democracia y la libertad tanto en sentido político como económico, lo que constituye, en estos momentos, la principal preocupación de los que integramos esa diáspora y de un conjunto de instituciones académicas e ideológicas, privadas y públicas, nacionales e internacionales, apolíticas y partidistas, cubanas y no cubanas, genuinamente interesadas en el destino de Cuba. Tal preocupación y el consiguiente esfuerzo ya emprendido, se han visto acelerados por las recientes experiencias en privatización en el mundo entero, y particularmente en América Latina, y en democratización en Europa del Este y en las naciones que integraban la desaparecida Unión Soviética y respecto a ellas es sorprendente el conocimiento de la disidencia y su percepción de la necesidad de contar, en el diseño de esos programas, con el apoyo, consejo y colaboración de la diáspora .

Sin embargo, lo más importante no es todo eso, sino el sentido de realismo y el enfoque del "muy" corto plazo —plazo "inmediato" más bien— que caracteriza esas concepciones elaboradas por cubanos de quienes nos separan más de 30 años de experiencia vivencial, pero que demuestran una impresionante perspicacia y una actitud de equilibrio que invita al intercambio, a la comunicación y a la armonización.

Es evidente que en un conjunto de entrevistas del liderazgo disidente de Cuba, expresadas con plena libertad, puede haber opiniones específicas que no compartan, necesariamente, ni OF HUMAN RIGHTS ni FREEDOM HOUSE, cuya agenda se limita, exclusivamente, a los Derechos Humanos; y de ello hago constar la necesaria salvedad.

Sólo me resta agradecer a Chris y a Frank la oportunidad de colaborar en un proyecto verdaderamente cercano a mi corazón y augurar a los cubanos de buena voluntad de la diáspora que lean estos testimonios el mismo impacto profundo que en mí produjo su lectura cuidadosa, responsable y mesurada. A esa empresa de los cubanos de la diáspora, de leer, meditar y comprender este mensaje sobre temas tan vitales para la Cuba de todos, no faltará el favor de Dios, como decía la Constitución de 1940, ni la intercesión de nuestra Madre común, María de la Caridad del Cobre.

JOSÉ D. ACOSTA
Coordinador de Proyectos
OF HUMAN RIGHTS

Washington, D.C.
20 de mayo de 1992

5. La Habana de hoy: colas y edificios apuntalados (*foto Raúl Sánchez*).

6. La Habana de hoy: no hay agua (*foto Raúl Sánchez*).

Introducción del autor

LAS TRANSCRIPCIONES QUE siguen son de las entrevistas grabadas en mis conversaciones con los líderes de las principales organizaciones disidentes que operaban en Cuba al tiempo de mi visita, entre el 30 de septiembre y el 9 de octubre de 1991, días que precedieron inmediatamente al IV Congreso del Partido Comunista de Cuba. Fui a Cuba a nombre de FREEDOM HOUSE y de OF HUMAN RIGHTS, a fin de ofrecer apoyo moral y material a la comunidad disidente, y para observar, de primera mano, la situación económica y social en la Isla. A continuación se presenta la información general que recibí sobre esa situación, algunos datos sobre los disidentes y los nombres de todos aquellos con quienes tuve la oportunidad de conversar.

Antecedentes

El hambre ha alcanzado al miedo como factor motivante en la vida social y es probable que lo supere pronto, pues el régimen se apresta a adoptar la "Opción Cero". Simplemente, esta "Opción Cero" es el conjunto de medidas que sería preciso tomar en el caso de nuevos cortes a la ayuda recibida de lo que fue el Bloque Soviético. Estas medidas no se proponen mejorar la situación: constituyen meramente el plan de racionamiento, aún mayor, del minúsculo monto de bienes de consumo disponibles.

Por ejemplo, me contó una señora que, de los cuatro cuartos de pollo que le correspondían el mes de septiembre, sólo había recibido la mitad. Normalmente, la tienda debía expedirle un vale por la ración omitida, válido para la distribución siguiente. Sin embargo, los Comités de Defensa de la Revolución, que son grupos organizados por cada cuadra encargados de vigilar la lealtad del vecindario a la ideología revolucionaria, comenzaron una campaña para que los titulares de tales créditos, los que en algunos casos reflejan arrastres de varios meses, los dieran por cancelados. La respuesta popular ha sido tan negativa, que los Comités han dado fin a la campaña.

El desbarajuste económico se ve por todas partes. En un país famoso por su tabaco, la libreta de racionamiento sólo incluye 4 paquetes de cigarrillos por mes. Las bicicletas andan por dondequiera, debido a la falta de combustible para el transporte masivo. Cuando estuve allá, no se había visto carne de res en la capital desde julio. De frutas, ni hablar, así como de huevos, queso y una lista de otros comestibles. Se proyecta que dentro de los próximos meses no habrá leche, incluso para madres con hijos pequeños. El personal de los hospitales está usando muchas veces las agujas de inyectar, debido a la escasez de suministros médicos, y las heridas sólo se curan con alcohol, pues no hay otros antisépticos. No hay jabón, y la gente se baña sólo con agua, o con pasta de dientes soviética, cuando se dispone de ella. Agua sólo hay disponible durante ciertas horas en algunas secciones de La Habana, entre ellas las áreas privilegiadas donde existen hoteles turísticos.

Pero la deteriorada situación económica no es la única fuente de inestabilidad popular. Varios de los disidentes me contaron que cada cual en la isla tiene una cuenta a cobrar del régimen y aun de sus vecinos, por el pariente encarcelado, por la madre o el hermano exilado que no han visto en décadas, por la humillación general que todo cubano debe sufrir diariamente. Por todo eso, el potencial de violencia es muy grande.

A esto se agrega el sistema del *apartheid* "turístico", que impide a los cubanos usar los mismos hoteles, playas y restaurantes que los turistas. Al mismo tiempo, los turistas disfrutan de manjares que no están disponibles para la vasta mayoría de los cubanos. Hay una creciente cólera contra esta práctica, aunque a los cubanos les agrada tratar con los extranjeros, contra los que no abrigan resentimiento alguno, porque saben muy bien a quién debe culparse de este *apartheid*.

Los turistas se han convertido en un artículo de moda en la isla. En el Malecón, el paseo frente al mar que cruza la ciudad de este a oeste, grupos de jóvenes desconcertados se sientan a lo largo del muro frente al mar. Entre ellos hay gran disposición de conversar con los turistas, por dos razones principales: primera, los turistas son, prácticamente, la única fuente de información correcta del mundo exterior; y segunda, los turistas disponen de moneda dura a la que ellos pueden tener acceso a través de negociaciones de bolsa negra.

Estos "jineteros", como se les llama, porque cabalgan en las espaldas de los turistas, abordan a los turistas en la acera opuesta. La disculpa inicial es pedirles un cigarrillo, recibido el cual los jineteros inician la conversación. Esta, invariablemente, desemboca en una oferta de cambio de dinero, la venta de tabacos puros y la búsqueda de mujeres para el turista.

La principal diferencia que encontré desde mi última visita en 1987, es que los jineteros, de los que hay muchos más que antes, al igual que otras personas, ahora expresan voluntaria y espontáneamente comentarios extremadamente críticos de su propio gobierno. Un ejemplo típico, repetido con ligeras variantes, varias veces: después de encender el cigarrillo ofrecido, uno de los muchachos, siempre el interlocutor principal es varón, dice desdeñosamente: "¿Qué le parece todo esto?", abarcando con un gesto toda la ciudad que le rodea, que ilustra gráficamente, con su expresión despectiva, la situación de Cuba en 1991. Sin esperar respuesta, el improvisado vocero se extiende sobre las condiciones económicas cada vez peores; la incompetencia, creciente panza y avanzada edad de Fidel Castro; sus deseos de reunirse con su familia en los Estados Unidos y otros temas del mismo matiz. Repito, este fenómeno está ampliamente difundido.

En medio de todo esto, los cubanos mantienen su típico e irónico buen humor, el que se ha hecho más pronunciado debido a la prolongada experiencia de lo absurdo inherente en el sistema cubano. Un chiste popular: Fidel observa que una puerca va a parir y promulga: "Seguro pare 10 lechoncitos". Para gran aflicción del jefe de la cooperativa porcina, la puerca, testaruda, sólo pare 6. Muy preocupado, le cuenta al Ministro de Agricultura, que la puerca parió 8. El Ministro, temeroso de la ira de Fidel, exagera aun más y le informa: "Comandante en Jefe, como siempre, usted tenía razón, la puerca parió 10 lechones". Responde Fidel: "¡Excelente, 4 para el consumo doméstico y 6 para el mercado de exportación!".

Este sentido del humor puede ser la defensa más grande del cubano en los tiempos difíciles que se avecinan.

Las entrevistas

Las entrevistas que siguen tuvieron lugar en este marco de crisis económica cada vez más profunda y de creciente resentimiento popular. Aunque los disidentes con quienes hablé representan grupos con diferentes filosofías y objetivos concretos, de las entrevistas surgen temas comunes. Esos temas se resumen a continuación.

Aunque son pesimistas en cuanto a la posibilidad de que el régimen permita que tengan lugar cambios significativos, todos los disidentes coinciden en que no podrá sobrevivir, como máximo, más de dos años. Tanto los ciudadanos corrientes, como los disidentes, concurrieron en que el congreso del PCC no introduciría, como pasó, ninguna medida progresista, sino sólo reformas de naturaleza puramente cosmética. La razón fue siempre la misma: Castro no va a tolerar ninguna desviación del sistema totalitario, y sin su "bendición" no puede haber reforma alguna.

Sin duda, la mayoría de los disidentes esperaban una reacción represiva sobre el movimiento democrático después del congreso. Tal reacción ha tenido lugar, y varios disidentes han sido arrestados, algunos después de una golpiza por turbas de violentos "civiles". La única buena noticia respecto a las recientes atrocidades es que la violencia y alcance de estas acciones destaca la actitud de desesperación del gobierno. Separado del cordón umbilical del apoyo soviético, este régimen sostenido artificialmente parece más cerca que nunca de su inevitable desaparición.

La comunidad disidente cubana, aunque convencida del cambio radical que acaecerá pronto, está alarmada ante el creciente potencial de un baño de sangre. Ellos sienten que la sombría situación económica, los resentimientos reprimidos en la población y el peligro de los políticos extremistas de la izquierda y de la derecha constituyen una mezcla tan explosiva, que han comenzado a concentrar sus esfuerzos en asegurar que la violencia se mantenga al mínimo. A ese efecto, los grupos se han organizado internamente y están en frecuente contacto con otros grupos; mientras no se logre el cambio, han decidido enfatizar sus coincidencias más que sus diferencias.

El mejor ejemplo de ello es la creación de la **Concertación Democrática Cubana**, una organización "paraguas" a la que pertenecen la mayor parte de los grupos con los que establecí contacto, y la **Coalición Democrática Cubana**, una agrupación más conservadora. Estas organizaciones "paraguas" reúnen muchos grupos con distintas misiones y convicciones. Así, contrariamente a las preocupaciones que se expresan en Miami y otros lugares, existe un alto nivel de organización interna y de unidad entre estos movimientos y grupos distintos. Ellos informan de sus planes a los otros grupos y mantienen frecuentes contactos entre sí. Cuando surja una apertura, la mayoría de estas organizaciones planea unirse para presentar un frente democrático común.

A la luz de su creciente solidaridad interna, los disidentes querrían mayor asistencia material del exterior como copiadoras y máquinas de escribir, porque quieren estar lo más preparados que sea posible para cualquier acontecimiento positivo. Agradecen el apoyo moral que se les ha venido dando durante años, particularmente por la comunidad exilada, y esperan que se refuerce. No obstante, piden a los grupos exilados que logren una mayor unidad y que tomen el papel de expositores de la oposición interna, en vez de tratar de dirigirla desde fuera.

El pueblo cubano, y los disidentes que hablan por él, están encarando tiempos muy difíciles: la gente, por la situación económica siempre en decadencia y los disidentes, por la creciente dependencia del gobierno en medios violentos de represión. Los pocos años, o tal vez meses que quedan al régimen de Castro serán prueba dolorosa para todos ellos.

Disidentes con los que se estableció contacto

Gustavo Arcos Bergnes
Secretario del Comité Cubano Pro Derechos Humanos (CCPDH). Participó con Castro en el asalto al Cuartel Moncada (1956) y en la lucha revolucionaria. Ha sido encarcelado varias veces desde mediados de los sesenta. Fue arrestado y puesto en libertad a principios de 1992.

Sebastián Arcos Bergnes
Hermano de Gustavo. Arrestado a principios de 1992 y acusado de "propaganda enemiga", por lo que le piden 6 años de cárcel. Del Hospital Carlos J. Finlay, donde se encontraba en tratamiento, ha sido enviado nuevamente a Villa Marista, sin que se terminara el tratamiento.

Jesús Yanes Pelletier
Miembro del ejecutivo del CCPDH, fue el oficial de la prisión que impidió el asesinato de Castro, inmediatamente después de la captura de éste por el asalto al Cuartel Moncada, quien después se unió a los revolucionarios. Guardó prisión 11 años desde mediados de los sesenta. Arrestado y puesto en libertad a principios de 1992.

Rodolfo González
Coordinador de Juventudes del CCPDH.

José Luis Pujol
Líder del Proyecto Apertura de la Isla (PAIS); ex diplomático del régimen de Castro. PAIS es uno de los siete grupos que integran la recién fundada organización "paraguas" Concertación Democrática Cubana (CDC). Pujol está detenido y tiene fijado juicio para fines de mayo. Se le piden 3 años de cárcel por "desacato", supuestamente por una carta escrita a Carlos Alberto Montaner donde se trata, con palabras consideradas ofensivas, al Presidente Castro.

Fernando Velázquez Medina

Miembro del ejecutivo de Criterio Alternativo, grupo de intelectuales que redactó una gran parte de la Declaración de los Intelectuales, una llamada a mayores libertades cívicas. Se encuentra preso en Alambradas de Manacas.

Roberto Luque Escalona

Miembro del ejecutivo de PAIS, fue anteriormente líder de Criterio Alternativo; escribió *The Tiger and the Children,* una fuerte acusación del régimen de Castro con una perspectiva histórica. Encarcelado durante el verano de 1991.

Elizardo Sánchez Santa Cruz

Secretario de la Comisión Cubana de Derechos Humanos y Reconciliación Nacional (CCDHRN), que también integra la CDC; fundó el Comité Cubano de Derechos Humanos. Ha pasado ocho años y medio en prisión en los últimos 10 años.

Yndamiro Restano

Líder del Movimiento Armonía, otra de las organizaciones afiliadas a CDC. Arrestado recientemente, se le acaban de imponer 10 años por la acusación de "rebelión".

Mario Chanes de Armas

Participó con Castro en el asalto al Moncada y en la lucha revolucionaria. Inició su lucha por que se diera fin a la interferencia gubernamental en la prensa a fines de 1959 y durante 1960; fue arrestado en 1961 bajo la supuesta acusación de tentativa de asesinar a Castro y condenado a 30 años al cabo de los cuales fue puesto en libertad en 1991. En tal situación, fue el último de los "plantados", o presos con largas condenas que no aceptaron indoctrinación. Aunque no es miembro de ninguna organización disidente, se le ha rehusado la visa para salir del país sobre la base de que el suyo es un "caso especial". La transcripción que se presenta aquí es de una entrevista que había sido concertada previamente con el periodista Román Orozco, de Diario 16, de Madrid, España, en la que estuve presente y pude grabar durante mi estancia en La Habana.

Julio Ruiz Pitaluga

Ex "plantado" que estuvo 24 años en prisión. Mario Chanes vive ahora en su casa.

Rafael Gutiérrez Santos

Líder de la Unión General de Trabajadores Cubanos (UGTC) primera y única organización sindical independiente, fundada el 4 de octubre de 1991. Recientemente arrestado y puesto en libertad.

María Celina Rodríguez

Líder de Libertad y Fe (LYF) organización seglar cristiana que también integra la CDC. A su hijo se le conoce como el preso político más joven del mundo, porque tuvo que pasar varios días en Villa Marista, edificio de la Seguridad del Estado del Ministerio del Interior, cuando se dispuso que se aplicase a su madre "tratamiento psiquiátrico". Posteriormente, la detuvieron nuevamente a fines de 1991.

Oswaldo Payá Sardiñas

Coordinador del Movimiento Cristiano Liberación y activista católico que ha obtenido varios millares de firmas en una petición de que se produzca un cambio en la Isla. Confía reunir no menos de 10,000 en el futuro inmediato. Su casa fue asaltada el año pasado y destruida la mayor parte de sus documentos. Aunque lo visité, no fue posible grabar la entrevista. En su lugar incluyo un documento de puño y letra de Payá, que tuvo la gentileza de enviarme posteriormente y traje a mi regreso de Cuba.

Luis Alberto Pita Santos

Líder de la Asociación Defensora de los Derechos Políticos (ADEPO) formada principalmente por gente joven que es más abiertamente activista que las demás organizaciones, que también integra el CDC. Ex Profesor de Marxismo-Leninismo, fue arrestado el 9 de octubre de 1991, día de mi salida de La Habana, y confinado a una sala siquiátrica. La grabación de su entrevista no ha podido transcribirse por dificultades técnicas insuperables. Recientemente ha sido trasladado del Hospital Carlos J. Finlay, donde estaba sometido a tratamiento, a la Prisión de Valle Grande. Se le ha celebrado juicio, pero no ha recibido sentencia.

También tuve la oportunidad de conocer otros cuatro disidentes que, con varios más, fueron arrestados al mismo tiempo: **Reinaldo Betancourt**, condenado a tres años de prisión el 17 de octubre de 1991 y confinado, desde hace varios meses, a una celda aislada de la prisión Combinado Sur de Matanzas; **Lázaro Loreto** y **Ramón Rodríguez**, todos miembros del liderazgo de ADEPO, y **Jorge Quintana**, dirigente de la organización

Seguidores de Mella, miembro de PAIS, seleccionado para el Premio Reebok, confinado en la Prisión Cinco y Medio, de Pinar del Río.

CHRISTOPHER KEAN
Coordinador de Proyectos Especiales
FREEDOM HOUSE
Nueva York

7. Elizardo Sánchez Santa Cruz, de la Comisión Cubana de Derechos
Humanos y Reconciliación Nacional.

8. Elizardo Sánchez Santa Cruz, durante la entrevista, acompañado de Rafael Gutiérrez Santos.

I
Elizardo Sánchez Santa Cruz[*]

La Habana, 7 de octubre de 1991

Christopher Kean de Freedom House y Of Human Rights: ¿Querría comentar algo sobre la situación básica en el país?

SÁNCHEZ: Mi nombre no significa mucho. Trabajo en la Comisión Cubana de Derechos Humanos y Reconciliación Nacional, nombre que significa algo, y es que sostenemos la tesis de reconciliación nacional en las condiciones de Cuba. Justamente esta tesis se formuló el 10 de octubre del año 1987. Quiere decir que el jueves, cuando esté trabajando el Cuarto Congreso del Partido Comunista, vamos a tener una sesión conmemorativa por el cuarto aniversario de la formulación de esta tesis de reconciliación nacional.

KEAN: ¿Qué cree que ocurrirá durante el IV Congreso?

SÁNCHEZ: Realmente, muy poco. Estoy casi seguro que el liderazgo del Partido Comunista, con el Presidente Fidel Castro a la cabeza —que de hecho él es el liderazgo— no va a aprovechar la ocasión para introducir reformas democráticas que son necesarias, y además inevitables, en el país. Más aun, puedo afirmar, por las señales que recibimos constantemente, que el Presidente Fidel Castro es el principal obstáculo a cualquier proceso de reformas por medios no violentos en nuestro país. Por lo tanto, desde mi punto de vista cabe esperar solamente cambios puramente formales. Tal vez reduzcan la burocracia del partido-estado, y otros cambios en la fachada, y el modelo político totalitario seguirá siendo esencialmente el mismo.

KEAN: ¿Cree que el gobierno llegará a imponer la Opción Cero, que no llegará a eso, o que ya está en eso efectivamente?

SÁNCHEZ: Bueno, la Opción Cero, tal como ellos la insinúan, porque el gobierno ha hablado hasta ahora en formas puramente alusivas sobre esto, significaría cero combustibles, cero transporte, cero suministros del exterior en general. Eso indicaría la voluntad del alto liderazgo, la minoría gobernante

---

[*]Secretario de la Comisión Cubana de Derechos Humanos y Reconciliación Nacional.

del Partido Comunista, de mostrar su propia capacidad para resistir durante un largo período.

Ellos, naturalmente, no toman en cuenta la opinión del pueblo, porque obviamente la gente no va a permitir que se llegue a tales límites. Es muy probable que cuando comiencen las primeras manifestaciones de restricciones, la población cubana pase a una situación de sublevación en masa. En un tal momento cabría esperar actos puntuales de descontento, pequeños actos aislados, y esto desembocaría en un estado de desobediencia general. Siempre estos voluntaristas no toman en cuenta la opinión del pueblo, los puntos de vista de grandes sectores de la población. Ellos hacen sus propios diseños sin tomar en cuenta lo que piensa la gente, y esto va a ser un factor decisivo en un momento dado.

KEAN: ¿Qué papel cree que la Concertación puede jugar, en vez de los grupos aislados?

SÁNCHEZ: En este momento hay una propensión a la unidad dentro de la disidencia cubana, que corresponde a una maduración política de la disidencia como fenómeno político. Desde principios del año —estando yo en prisión, porque acabo de salir en el mes de mayo en una especie de libertad condicional, y fui excarcelado totalmente en agosto— se reanudaron iniciativas para buscar la unidad más amplia posible dentro de la disidencia. Se invitó a todas las agrupaciones a un proyecto de concertación. Entonces, que yo sepa, dos o tres agrupaciones pequeñas no estuvieron de acuerdo con nuestro plan de concertación, y han formado su propia unidad que la llaman Coalición Democrática Cubana. Con esto parece que querían dar respuesta a su propia disidencia respecto a los planteos de la Concertación Democrática Cubana.

Pero me parece que la mayoría de la disidencia se ha agrupado en torno al proyecto original de la Concertación Democrática Cubana. Y creo que los puntos de vista de la Concertación Democrática Cubana son bien representativos. La Concertación es un proyecto totalmente pluralista en su seno, de corrientes cristianas, liberales, social-demócratas, más conservadoras también las hay, y ha estado trabajando bien. Una prueba es que hoy mismo hemos presentado nuestra propuesta al Cuarto Congreso, para fijar la posición de una manera seria y coherente ante los proyectos del gobierno y del Partido Comunista. No nos queríamos quedar en silencio ni dejar nuestra posición en algo puramente declarativo, sino presentar una alternativa, de hecho casi un

2

programa, que está contrastando con el propio programa que se derivaría del Cuarto Congreso del Partido Comunista. El documento se explica por sí solo.

Otras agrupaciones han pedido ingreso en la Concertación ya, unas cuatro, incluyendo un grupo de artistas, un movimiento demócrata cristiano muy interesante, y esto va a enriquecer la Concertación y su representatividad.

Dentro de la Concertación, la Comisión Cubana de Derechos Humanos y Reconciliación Nacional es solamente una parte. Yo mismo, lo que he hecho es apoyar al máximo que el proyecto avance, y desde luego la Comisión Cubana apoya a todos los proyectos disidentes, con lo poco que tenemos. Damos ideas, alertamos, asesoramos en algo. De la misma manera, hemos tenido que ver con la creación de la Unión General de Trabajadores de Cuba, el primer sindicato independiente.

No ocupo una función de dirección en la Concertación. Hace dos semanas hemos elegido un secretariado por votación secreta y directa, y resultaron electos en este orden de votación: José Luis Pujol, que es un teórico muy importante; Luis Alberto Pita, que es un profesor universitario; y María Elena Cruz Varela, poetisa y escritora. Y a ellos correspondería responder acerca de cualquier asunto en general de la Concertación, pues yo no estoy autorizado a hablar en su nombre. Esta semana tendremos la quinta sesión de trabajo de la Concertación, para tomar acuerdos y diseñar políticas, y el trabajo marcha.

El hecho de que existan dos principales uniones de grupos de disidentes ya es un avance importante. Pero puedo asegurar que en caso de una confrontación electoral con el Partido Comunista gobernante, toda la oposición se uniría igual que ocurrió en Nicaragua o en algunos países de Europa del Este. No tengan ustedes la menor duda al respecto. Si se plantea una confrontación electoral, esto sería un catalizador que favorecería aún más la unidad; claro, de cara al acto electoral. Una vez que se produzca el acto electoral vendría una diferenciación natural, porque hay diferencias de opinión, igual que las hay en cualquier país democrático.

Realmente esto ha sido un paso de avance, igual que la formación de la Unión General de Trabajadores de Cuba el viernes, que me parece algo tan trascendente o más que la Concertación Democrática. Porque en Cuba, donde hay diez millones y medio de habitantes, de los que tres millones y medio son trabajadores, hasta ahora no había el protagonismo de un movimiento obrero en la oposición. Mi pronóstico es que en estas semanas la afiliación es del orden de los centenares de trabajadores, y que en los próximos meses de aquí a fin del año será del orden de los miles. Eso va teniendo un efecto geométrico, porque cada afiliado trae nuevos afiliados y se va multiplicando.

KEAN: ¿Cuánto apoyo en general —aunque sea un apoyo silencioso— cree que tienen las ideas de los grupos disidentes en el pueblo?

SÁNCHEZ: Los grupos más viejos han tratado de estructurarse hacia el interior, porque Cuba no es sólo La Habana, como es natural. En este minuto, por ejemplo, nosotros en la Comisión Cubana tenemos un ejecutivo importante trabajando en Santiago de Cuba, y tenemos delegaciones en diferentes provincias —igual ocurre con el Comité Cubano— y tenemos observadores municipales, aunque no somos un partido político. Los grupos de derechos humanos no tenemos que ser tan numerosos, pero tenemos un suficiente número de observadores para saber lo que ocurre en toda la república.

En cuanto al número de disidentes, eso no me parece esencial. Aquí somos tantos como eran el profesor Andrei Sakharov y sus colaboradores, años antes del cambio democrático en su país, o como eran Václav Havel y sus amigos, algunas decenas. O como era, para ir más atrás, hablando de un movimiento con el que tenemos una vinculación histórica más antigua, somos tantos como eran Jacek Kuron, Karol Modzelewski y sus amigos en Polonia en el año 1964. Es decir, puñados de personas. Pero en todos los casos, no es el número lo que cuenta, sino lo que representamos. Somos, al igual que fueron otros en países de Europa del Este antes de los cambios democráticos, la parte visible del *iceberg*. Por debajo del nivel del agua, hay una masa aun mayor, que sería la inmensa mayoría del pueblo cubano que desea cambios profundos. Esa inmensa mayoría, al igual que las mayorías en Europa del Este, comenzarán a actuar en cuanto sean capaces de romper la barrera del miedo. El miedo es un fenómeno de masas en estos países, en las condiciones de estos modelos autoritarios.

KEAN: ¿Cree que el pueblo de Cuba ya está en un punto avanzado del proceso de perder el miedo?

SÁNCHEZ: Sí. Definitivamente sí. Y centenares de periodistas han podido comprobar esto en los días de los Juegos Panamericanos, y aun hoy. Tú mismo pudieras comprobarlo. Si vas por las calles ya hablas con los jóvenes libremente, o con las personas que tratan de comprar los comestibles mínimos vitales de cada día, o la gente que está esperando por un ómnibus que pudiera demorar horas en pasar. Y la mayoría expresará su estado de ánimo sin cortapisas. La gente va perdiendo el miedo, azuzados por penurias que crecen por días en Cuba, y esto es bien visible. Nosotros, no quiero decir que somos héroes. Hasta donde yo sé, al menos yo mismo siento siempre mucho miedo, y creo que otros de mis colegas también. La única diferencia es que nosotros actuamos a pesar del miedo que tenemos. Simplemente ya nos hemos cansado de sentir miedo, y estamos resistiendo.

KEAN: ¿Qué papel cree que debe jugar, ahora y en el futuro, el exilio?

SÁNCHEZ: El exilio es la parte activa de la emigración, porque no todo el mundo es exilado político, lamentablemente. Aquí nos inclinamos a llamar exilio a la parte más activa de la emigración, la que es políticamente activa, que se interesa en los problemas de Cuba. En general, de la emigración y el exilio cubanos esperamos el mayor apoyo posible, de cara a la necesidad e inevitabilidad del cambio democrático en nuestro país. Y pensamos que debe ser un apoyo total de cara a este cambio, en favor del cambio democrático. Y tratar de que no se antepongan preferencias ideológicas, por lo menos prematuramente, cuando lo que debe priorizarse es la unidad en favor del cambio democrático. De todas formas, yo me siento optimista en cuanto a esto, aunque a veces se presentan algunas incomprensiones. Pero estoy seguro de que en una coyuntura en que sea necesario asumir definiciones prácticas, toda la emigración y el exilio se pondrán del lado de las fuerzas democráticas para propiciar el cambio en nuestro país.

A veces nos llegan señales poco alentadoras desde el exilio, ciertas manifestaciones de intolerancia que son desagradables. A veces vemos algunas formas de fratricidio o de canibalismo político, y eso naturalmente no es bueno. Creo que habrá tiempo en un futuro para que el pueblo cubano decida sus propias opciones mediante procesos electorales democráticos, y no es bueno que nadie, en ninguna de las corrientes que se manifiestan en el exilio, trate de imponer su punto de vista, empleando medios no muy plausibles que digamos. Por lo pronto, la oposición dentro de Cuba tiene su propia capacidad para evaluar la situación y diseñar la política que considere más adecuada. Y estoy seguro de que las fuerzas internas de la oposición serían el factor principal para el cambio.

Pero esto no elimina la necesidad de que continuemos recibiendo un apoyo cada vez más coherente, práctico y útil de parte de la emigración y del exilio. Y estamos permanentemente abiertos, dispuestos, a recibir estas formas de respaldo y a establecer relaciones prácticas de trabajo con todas las agrupaciones dispuestas a ello.

KEAN: ¿Cómo ve la primera etapa, el primer capítulo, después de algún cambio en Cuba?

SÁNCHEZ: Habrá mucho trabajo. Por lo pronto, el movimiento de derechos humanos no sólo debe existir ahora, sino durante el cambio, y aun después. Porque siempre habrá algún cubano queriendo descargar el hacha sobre otro cubano. Un proceso de cambio, y de reconstrucción de la sociedad, pudiera alentar la ocurrencia de hechos de fratricidio, que naturalmente mis colegas y yo no los alentamos, justamente dentro del espíritu de la reconciliación nacional. Esto es en lo que respecta el movimiento de derechos humanos. Creemos que no es algo circunstancial, ni es una fachada detrás de la cual se esconde una oposición política, ni mucho menos. Creemos que el movimiento de derechos humanos tiene su propia identidad, y debe conservar su propio espacio.

La Concertación Democrática Cubana está laborando para incluir proyectos políticos de oposición, y también proyectos puramente humanitarios, cual es el caso de la Comisión, que no tiene centro ideológico. Cada uno de sus miembros tiene sus propias convicciones. Cada uno de ellos trabaja en algún proyecto político opositor. Pero nadie, ni yo mismo, estaría autorizado a dar opiniones políticas a nombre de la Comisión Cubana de Derechos Humanos. Tratamos de trabajar en el mismo espíritu que trabaja Americas Watch, Amnesty International y otras agrupaciones. Creo que es importante mantener un carácter apolítico en los proyectos humanitarios. Y creo que sobran también proyectos y espacio para nosotros expresar nuestras propias convicciones políticas, nuestros puntos de vista en el terreno político, y todos lo estamos haciendo.

Estoy convencido de que al pueblo cubano le queda mucho trabajo por delante, y muchos sacrificios. Les esperan muchas penalidades, primero las impuestas por el régimen totalitario gobernante, y después las enormes penalidades que resultarán de esfuerzos sobrehumanos, gigantescos para reconstruir el país. El régimen totalitario no sólo va a dejar al país empobrecido y descapitalizado, sino endeudado, hasta límites que sobrepasan los de cualquier otro país, hablando en términos relativos. La deuda externa per cápita de Cuba en términos reales es la más alta del planeta. Luego, no sería difícil pronosticar que al pueblo cubano le quedan por delante, después del cambio democrático, que es inevitable, lustros de esfuerzos sostenidos para reconstruir, no sólo la economía nacional, sino edificar todo un Estado democrático de derecho.

Estará todo por hacer. Habrá que comenzar desde los cimientos otra vez. Habrá que restablecer nuestra nacionalidad, no sólo del punto de vista político y económico, sino del punto de vista moral y sicológico. Porque el gobierno totalitario ha hecho mucho daño también en este terreno, y así la cultura del trabajo y la conciencia del trabajo del pueblo cubano ha sido erosionada muy gravemente. La laboriosidad del pueblo cubano ha sido destruida por toda la ineficacia, la incapacidad del modelo y por el carácter desestimulante de ese modelo burocrático. El gobierno simula constantemente que les paga a los trabajadores, que son tres millones y medio en Cuba, y esto obliga a los trabajadores, igual que en Europa del Este, a simular que trabajan. Luego habrá que restablecer toda una cultura del trabajo. Creo que eso se logrará.

Los cubanos que están en el sur de la Florida no son diferentes a los que estamos aquí, porque todo cubano es laborioso esencialmente. Pero habrá que hacer un esfuerzo para estimular esta laboriosidad, para que florezca de nuevo. Mucha gente habla de ayudas provenientes del exterior. Yo realmente —y no quiero ofender a nadie con esto— no oculto mi propio escepticismo al respecto. Creo que no mucha gente está dispuesta a dar lo que tiene, y creo que no muchos están dispuestos a arriesgar sus capitales cuando no hay ninguna seguridad de obtener beneficios. Creo que el pueblo cubano debe pensar, ante todo, en sí mismo, y en sus propias fuerzas para reconstruir la república. Pero también estoy seguro de que lo haremos. Claro, la ayuda externa sería muy útil, y especialmente serían bienvenidos los capitales de cubano-americanos que emigraron hace mucho tiempo a los Estados Unidos. Pero repito, creo que este no sería el factor principal para reconstruir el país, y me parece que no sería del todo conveniente que los cubanos nos sentáramos a esperar la asistencia proveniente del exterior.

KEAN: Tomando en cuenta que los cambios que ocurran aquí van a ocurrir dentro de Cuba, ¿cree que puedan hacer algo las organizaciones cívicas, pro derechos humanos, políticas y humanitarias en el extranjero, para impulsar el proceso de cambio, o no cree que sea posible?

SÁNCHEZ: Sí creo que es posible, y hasta ahora han influido muy positivamente. Claro, esta influencia ha encontrado un obstáculo muy importante en la propia reacción del régimen castrista en cuanto a presiones o influencias provenientes del exterior. Es decir, que el régimen ha estado durante más de tres décadas actuando sin tomar en cuenta la opinión pública internacional, y todavía ahora nos siguen encarcelando y, pocas veces, factores externos, organizaciones civilistas, de derechos humanos y otros órganos han podido afectar la voluntad represiva del gobierno.

En este minuto es muy importante que en Europa y en América se sepa que el gobierno cubano no sólo mantiene su poderosa maquinaria represiva, sino que la ha reforzado. El número de agentes policiales y parapoliciales ha sido incrementado a niveles récord. Esta maquinaria represiva, a mi juicio, es la más poderosa del mundo en términos relativos, conforme al tamaño de la población y de la isla. Maneja más de cien prisiones y campos de prisioneros, que también representa el primer lugar mundial, conforme al tamaño de la población. En este minuto entre 60,000 y 100,000 prisioneros languidecen en este sistema carcelario, incluyendo millares de presos por motivos políticos, aunque el gobierno reconoce apenas dos o tres centenares. El pueblo cubano tiene que enfrentar una situación bastante difícil. Estoy seguro que es mucho más difícil que la de cualquier país de Europa Oriental. Sería un buen punto de partida para evaluar la real situación en que nos encontramos.

La posibilidad para muchos de nosotros de ser encarcelado, o de volver a la prisión, es muy grande, porque el gobierno se está preparando para reprimir, y la opinión pública mundial debe estar alerta ante esta posibilidad. No estoy dramatizando, no estoy tratando de exagerar. Acabo de salir de las prisiones. Ahora mismo el gobierno ha encarcelado a decenas de activistas, y ha condenado a prisión por lo menos a cuatro de ellos. Decenas y decenas de opositores son encarcelados constantemente en el interior de la república. Además, como el gobierno no tiene nada que ofrecer y no tiene ninguna voluntad política de favorecer el cambio, su única opción es acudir una vez más a la represión en masa. Tal vez sea la última vez que acuda a la represión en masa, porque esto coincidiría con un proceso general de deterioro del régimen. Pero si esta represión se desata contra todo el pueblo, naturalmente las primeras víctimas van a ser los disidentes, los opositores. Partiendo de esta convicción, todo el sistema de organizaciones civiles y humanitarias, cubanas del exilio o no cubanas, debe aumentar su atención sobre la marcha de los acontecimientos en Cuba. Porque el régimen actual de Cuba viene quedando como uno de los regímenes más autoritarios del planeta. Y no estamos en África Central, sino a la entrada del Golfo de México. Luego la responsabilidad que concierne a todo el sistema panamericano, y también a los países de Europa, es realmente grande.

Personalmente, y creo que reflejo el punto de vista de muchos de mis colegas, estamos deseando un mayor protagonismo de parte, precisamente, de Europa y América Latina. Porque las relaciones bilaterales entre los gobiernos de Estados Unidos y Cuba son muy malas. Hay muchos resentimientos entre ambos gobiernos, y la comunicación resulta difícil entre Estados Unidos y Cuba. Por todas las vías: comunicaciones personales, contactos de académicos y expertos, periodistas. Incluso a representantes de organizaciones de derechos humanos cada vez les es más difícil venir a Cuba. También los canales de comunicación están muy obstruidos, tanto la comunicación postal como la telefónica.

Pero lamentablemente, hasta ahora no hemos visto un diseño de política hacia Cuba de parte de Europa, y tampoco lo hemos visto de parte de América Latina. Aunque estamos viendo un mayor protagonismo en Europa, especialmente en España, Suecia, y en alguna medida, en Francia últimamente. Y de parte de América Latina notamos un mayor protagonismo de parte del gobierno de Venezuela, de México, de Brasil. Pero aun es poco. Queda bastante por hacer. Instituciones como la que tú representas pudieran hacer un trabajo encaminando a aumentar la conciencia, la imagen que se tiene en Europa y América Latina acerca de lo que está ocurriendo en Cuba, y acerca de lo mucho que pueden hacer para influir a favor de un proceso de cambio democrático.

Ese proceso sería la salida de la grave crisis que sufre el país, que es la más grave de su historia, y que tendría, según mi apreciación, dos salidas posibles: una salida violenta, y por lo tanto cruenta y muy sangrienta, o una salida no violenta, por causas políticas. Mis colegas y yo de la Comisión Nacional de Derechos Humanos y Reconciliación Nacional estamos totalmente en contra de una salida violenta a la grave crisis nacional, y trabajamos para encauzar o apoyar una alternativa pacífica. Sin embargo, vale mencionar en este punto —también sería en mi apreciación— que el gobierno del Presidente Fidel Castro, y él personalmente, debido a su alto papel y a su enorme autoridad dentro del liderazgo comunista, constituyen el principal obstáculo para que logremos una salida no violenta a la crisis. El Presidente Fidel Castro y sus colaboradores, o la corriente minoritaria que representan, están favoreciendo una salida violenta a la crisis, porque están obstaculizando una salida política. Esto, naturalmente, sería sumamente peligroso. Si en Cuba se abre paso a una salida violenta, una salida cruenta, pudiéramos asistir, a corto o mediano plazo, a un drama nunca antes visto en el continente americano.

Este pronóstico lo fundamento, ante todo, en la gran cantidad de odio que hay acumulado en la sociedad cubana. En el relativo poderío de la maquinaria represiva del régimen. En las determinantes geográficas que hay por medio.

Somos una isla, y geográficamente tenemos un aislamiento por las fronteras marítimas. Y el odio ha permeado profundamente la sociedad cubana. Casi cada cubano tiene una cuenta a cobrar a otro cubano, por alguna denuncia a la policía, por algún ultraje, por alguna discriminación a lo largo de 32 años. Este odio es muy grande ante todo porque el propio gobierno lo ha utilizado para su propia propaganda durante muchos años. Para enfrentar grupos de cubanos contra otros, para enfrentar a cubanos de la isla con cubanos de la emigración y el exilio, para enfrentar casi cada vecino contra otro. Porque en Cuba cada vecino vigila al otro, de alguna manera. Esta vigilancia no es puramente simbólica. A consecuencia de la vigilancia, el Estado ha convertido a la sociedad en un modelo policíaco. Lo que en cualquier otro país sería un rumor de poca significación, en Cuba un rumor entre vecinos ha llevado a mucha gente a las prisiones. Porque la policía toma en serio cualquier rumor, cualquier comentario, cualquier opinión sobre otra persona. Y la policía en general no exige demasiado la identidad de quien hace una denuncia contra otro. En Cuba se han dado centenares de miles de casos de amistades que se han roto por puros espejismos ideológicos, azuzados por la propaganda oficial. Hay vínculos familiares que se han roto igual, debido a estos espejismos ideológicos, meras diferencias de opinión política. Las familias mismas se han dividido durante décadas. Unos componentes han marchado al exterior, y otros permanecen en la isla.

Una institución que en Cuba siempre fue muy significativa es la institución del vecindario, algo que no funciona, por ejemplo, en Estados Unidos. En Estados Unidos, la gente vive cada uno en un pequeño *ghetto*, en su casa, y no se interesa por los vecinos del mismo piso o de las casas próximas, en sentido general. Yo estuve en Estados Unidos en el año 1988, y me di cuenta que esto es una norma, como lo es en otros países. En Cuba los vecindarios, durante siglos, eran como una extensión de la familia. Sin embargo, hoy en día cualquier vecino tendría en el vecino más próximo el más próximo enemigo. Y muchos vecinos se piden la cabeza unos a otros, por esta acumulación de odio por razones políticas. Y es muy frecuente. Casi en cada cuadra, donde pueden vivir 50 ó 60 familias, casi todas tienen diferencias entre sí, recelos, sospechas y a veces odios, por motivos políticos. En caso de que haya un vacío de poder en Cuba, o un estado general de desobediencia, donde no estuviera ninguna autoridad que mantuviera el orden social, ocurrirían muchos incidentes, muchos crímenes, muchas formas de maltrato físico de una persona contra otra.

KEAN: ¿La Comisión, está recibiendo algún apoyo de las embajadas de los países recientemente democráticos, de Europa del Este, por ejemplo?

SÁNCHEZ: Apoyo moral, y un interés creciente de parte de ellos por saber cómo trabajamos y qué estamos haciendo. Por ejemplo, hoy mismo hemos tenido la asistencia por primera vez de un corresponsal soviético en una rueda de prensa de la disidencia. Vino el corresponsal de la agencia TASS. Ya esto es un signo de los tiempos. Pero la Comisión Cubana no tiene un aparato de relaciones públicas muy grande, y no hacemos muchas visitas a embajadas y esos lugares. Pero creo que podemos contar con el apoyo moral y la comprensión de ellos. Y claro que es lógico que esto ocurra, porque alguna vez ellos estuvieron en la disidencia y poca gente les ayudaba. Ahora ellos saben lo importante que es ofrecer apoyo moral a grupos como los nuestros que son pequeños, que tenemos poca fuerza, y que necesitamos apoyo para detalles que no podemos solucionar por nosotros mismos.

KEAN: Muchas gracias.

SÁNCHEZ: Gracias a ti.

II
Gustavo Arcos Bergnes
Jesús Yanes Pelletier
Rodolfo González[*]

La Habana, 5 de octubre de 1991

Christopher Kean de Freedom House y Of Human Rights: Usted estuvo con Fidel Castro durante la revolución y fue su guardaespaldas cuando subió al poder. ¿Cómo se siente ahora respecto a él y cómo lo considera como persona?

YANES: Yo me siento tremendamente engañado. Porque Fidel nos engañó, se burló de nosotros, y creyó que diciéndonos cosas nos neutralizaba: fíjate, en 1959 nos dijo: "Ustedes son mis ojos y mis oídos". Yo se lo recordé posteriormente, en una carta que le escribí hace un par de años, a raíz de un acto de repudio que se hizo aquí en esta casa. Estábamos tres personas, le decía yo en esa carta: Enrique Cabrera, Pedrito Pérez Font y yo. Enrique Cabrera murió ya, Pedrito está en Puerto Rico, y yo estoy aquí. Entonces le decíamos que nunca le mentimos, nunca le engañamos, siempre le digimos las verdades, favorables o desfavorables. Claro, teníamos la confianza para hacerlo.

Y entonces le advertía también: "estás rodeado de una serie de gente que no te dice nada, no te dice las verdades de nada, porque temen perder lo que tienen ganado". Estas cosas suceden mucho con los gobernantes. Se rodean de gente, nombran ministros, generales, y lo que sea. Y esa gente, si él dice que este cassette es redondo, dicen que es redondo, y están mirando que es cuadrado. Eso hace mucho daño a los gobernantes.

Los daños más graves que ha tenido Fidel, son los daños autoritarios. La autoridad de él se le ha alentado, se le ha mantenido y se le mantiene en la actualidad. Nadie le discute, nadie le contradice, y, entonces, lo han

---

[*]Secretario, Miembro del Ejecutivo y Representante Juvenil, respectivamente, del **Comité Cubano Pro Derechos Humanos**.

9. Rodolfo González, Gustavo Arcos Bergnes y Jesús Yanes Pelletier, del Comité Cubano Pro Derechos Humanos.

10. La casa de Sebastián Arcos Bergnes, después de un Acto de Repudio.

convertido en un Dios, y como Dios al fin, nadie le discute. Es una desgracia, es muy triste.

Nosotros fuimos engañados, miserablemente engañados. Nos engañó a nosotros, y a los que murieron, incluso. Muchos muchachos que murieron en esta lucha, él hubiera tenido que fusilarlos. Él hizo el viraje este hacia el comunismo, y hubiera tenido que fusilar a muchos, porque no eran comunistas y no se iban a ir de Cuba. Se iban a quedar aquí e iban a salir a discutirle.

A Fidel le gusta tener el poder absoluto en las manos. Cuando Gualterio Carbonell una vez lo invitó a integrar la juventud comunista en la Universidad él le dijo: "Yo no puedo ser comunista" —esto me lo contó el mismo Gualterio— "¿Qué voy a hacer yo en el comunismo? Sería comunista si yo pudiera tener el poder que tenía Stalin; entonces sí me hago comunista." Esto lo está hablando él en los años 50, 52, 53. "Sólo si tengo el poder de Stalin", y eso es lo que tiene él precisamente, el poder de Stalin, porque nadie en América ha tenido el poder que tiene Castro. Nadie.

Además, la mayoría de los presidentes de los países latinos le temen a Fidel. Le temen porque —y usaré una frase muy prudente aquí— "le enciende el carnaval a cualquiera". Mete cuatro guerrilleros, un foco guerrillero, les forma problemas, entonces todos le tienen miedo. Por eso cuando hay un foro internacional, todos le vienen a rendir pleitesía, todos lo abrazan, ninguno se le para firmemente y lo rechaza, como debe hacérsele a un dictador. Y él usa eso. Les ha formado problemas a todos, en Colombia, en Perú, en México; a México, que ha estado tan plegado a Fidel Castro, le da problemas.

KEAN: ¿Qué creen ustedes que va a salir del IV Congreso que empieza el jueves 10 de octubre?

YANES: Nada. No va a salir nada del congreso. De entrada, es un congreso a puerta cerrada.

GONZÁLEZ: ¿Recuerdan cuando estuvimos en la Embajada de Bélgica que recibimos el cable? Se había lanzado un cable, haciendo un comentario de que se habían reunido algunos, Machado Ventura [miembro del Politburó] y otros, y que se había estado preparando hacía meses todo como iba a ser. Ya se estaba diciendo, en aquella época, tres meses antes que la participación iba a ser restringida, que podía ser cambiada la sede del Congreso. Se estaban proponiendo cambios del formato que siempre se usaba para los congresos del partido, y todos esos cambios indicaban que iban a escoger las tropas amaestradas, las más amaestradas.

YANES: Bueno eso siempre lo han hecho. Cada rato vemos que se reunieron en tal lugar y eligieron candidato para el Congreso a Fulanito de tal. Y tú ves a ese Fulanito expresarse públicamente, y ya sabes que no es independiente. Fidel tiene que hacer las cosas así, porque no quiere correr el riesgo de que se meta alguien en el Congreso. Él sabe que la gente ya no le tiene confianza, que ya ha dicho tantas mentiras a este pueblo. Entonces él teme que cualquier ciudadano, cualquier elemento elegido para ir a ese Congreso pueda estar fingiendo. Aquí en Cuba la gente vive fingiendo. Toda la gente que está viviendo aquí tiene dos caras, menos nosotros que mostramos una sola cara, y ellos lo saben. Toda la gente vive fingiendo, la gente tiene miedo, la gente se frena. Eso él lo sabe. Él ha hecho un recuento, y ha dicho: "Todos los que estamos eligiendo se supone que son seguros".

Pero si Chris, si Juan, si Pedro quiere buscarse un poco de publicidad personal y hacerse un personaje en este país de la noche a la mañana, se para en el medio del congreso aquél, con 60 periodistas extranjeros y 20 cámaras de televisión, y dice: "Pido la renuncia de Castro para empezar este Congreso, de entrada. ¡Que renuncie!" Y ahí mismo se acaba, porque se les va de las manos. Si hay dos más que dicen: "Yo lo apoyo en esa resolución"; diez o doce apoyan esa solicitud, ¿pues qué pasa? Se acaba. Por eso el congreso tiene que ser a puerta cerrada, la cámara tiene que ser del gobierno, todo tiene que ser del gobierno para que lo que pase adentro no lo vaya a saber nadie.

GONZÁLEZ: Como si fuera un partido clandestino.

YANES: Sí, es un congreso de clandestinaje.

KEAN: En un periódico leí que las razones oficiales que se daban por haber cerrado el congreso era para darle a la gente una mejor oportunidad de expresarse libremente.

YANES: ¡Es todo lo contrario!

KEAN: Sí, pero esa fue la razón oficial.

YANES: Eso no funciona así, eso funciona a base de la mentira, del engaño.

14

GONZÁLEZ: Según unas fuentes de información que tenemos nosotros, se plantea que ellos van a hacer algunos cambios de dirigentes, o sea que no se va a resolver nada.

KEAN: Sólo van a ser cambios cosméticos.

GONZÁLEZ: Sí, cosméticos. Pero ya vemos que desde el comienzo las cosas que son fundamentales, antes de que se inicie el Congreso, ellos están planteando que no se van a discutir. Por una parte, el propio [Presidente de la Asamblea Nacional] Escalona dice que se pueden discutir todos los artículos de la constitución que hay que renovar, o caducar. Pero desde luego, el único artículo que no se puede discutir es el Cinco, y el Cinco comprende la hegemonía del partido comunista dentro de la sociedad cubana. Fidel les está diciendo: "ustedes pueden discutir lo que ustedes quieran, pero el poder no nos lo van a quitar nunca. Eso nunca se va a repartir, no se va ha hacer una apertura en Cuba". Si lo que se está planteando es discutir lo que no hace falta discutir, es mejor que no se haga el congreso, obviamente.

YANES: Empezó a hablarse de este Congreso en marzo del año pasado, y estamos en octubre. Nunca un congreso se había demorado tanto, y ni se había empezado a anunciar tan tempranamente para celebrarse. Eso lo encuentro muy raro.

GONZÁLEZ: En mi opinión se ha creado otra mentira. Aldana es el ideólogo principal del partido por ahora, la figura que está de moda. Planteó públicamente que el congreso del partido siempre se iba a celebrar antes de los Juegos Panamericanos. Se habían retrasado por ciertas circunstancias, pero que siempre sería antes. Bueno, los Juegos Panamericanos pasaron y el congreso todavía no se ha celebrado.

Y después, viene esto de Machado Ventura en relación a lo que dijimos. Yo estaba leyendo la Prensa Cubana, y leí algunas entrevistas que habían hecho con varios funcionarios del partido, digamos a los secretarios del partido a nivel provincial, con relación al congreso. Por ejemplo, en Granma salió un artículo inmenso sobre el secretario del partido en Pinar del Río, casi una página entera de todo lo que dijo. Y de pies a cabeza todo lo que dice es pura demagogia. No pueden abrir la boca para decir nada. Todo es una demagogia automática, y es lamentable que ninguna de estas personas dé alguna luz con respecto a su propia función personal. Personas digamos que puedan plantear cosas importantes en relación a los cambios que debe haber. Pero no se toca nunca ese tema. Siempre es la demagogia.

Ya con estos índices anteriores —lo que plantearon los principales funcionarios ante el partido, lo que ha planteado el gobierno, y la forma en que se va hacer el congreso— da claramente a entender que no se va a producir nada. Va a haber un congreso porque hay que hacerlo. No les queda otra alternativa más que celebrarlo y lo van a celebrar. No es aquello de antes que había que hablar de los logros del socialismo —y los Congresos se hacían para eso, primero, segundo y tercero— de los planes, y de que el futuro pertenece por entero al socialismo, y que vamos a enterrar al capitalismo y toda esa demagogia. El congreso ha perdido toda esa característica, y ahora se va a celebrar nada más que por celebrarse.

KEAN: Quisiera saber cuánto apoyo ustedes creen que tienen en el pueblo: en La Habana y en el resto de la isla. Apoyo abierto, y también el apoyo silencioso de la gente que dice que si no tuviesen que dar de comer a sus hijos, estarían con ustedes.

YANES: El movimiento nuestro de derechos humanos ha crecido enormemente. Yo te podría decir que casi se nos ha ido de las manos. De un pequeño grupo que éramos cuando estaba Ricardo Bofill aquí, se ha convertido en un gran grupo, porque ya ahora nosotros no funcionamos solos. Hay un grupo de hombres que somos la cabeza visible. Después tenemos una serie de delegados nuestros en las provincias. Tenemos uno en Holguín, en Las Villas, en Pinar del Río, en Cienfuegos, en San Cristóbal. Y estas personas que nosotros tenemos en esos lugares, han ido aumentando el núcleo de ellos, y un núcleo que empezó con ocho o diez ahora se ha convertido en un grupo de 300 ó 400. Crece por día.

A nosotros viene mucha gente que nos dice que quieren participar. Nosotros no podemos hacer eso. Nosotros no les damos entrada, porque el movimiento se presta mucho a la infiltración. No queremos que el grupo nuestro, que nos conocemos por muchos años, se mezcle con la infiltración. A todos los que vienen les damos solidaridad, y les ayudamos si les tenemos que ayudar. Pero que formen su grupo.

La gente pregunta por qué hay tantos grupos. Eso no importa. El día que se caiga el sistema todos se van a fundir en un grupo. Habrá dos o tres corrientes, y en esas dos o tres corrientes, cada uno se inclinará a lo que le conviene.

GONZÁLEZ: Perdóname antes de que sigas. En el exilio en Estados Unidos, en Miami, hay la preocupación de que la disidencia aquí se ha dividido.

YANES: No está dividida. Se ha multiplicado, que es distinto.

KEAN: Esa es otra pregunta que les iba a hacer.

GONZÁLEZ: Aquí no hay división ninguna. Es multiplicación, no es un problema de división. Pero lo que pasa es que hay grupos que se forman con alguna característica que no podemos asumirla.

YANES: Nosotros no podemos hacer manifestaciones como otros, como la ADEPO, porque nosotros somos la cara vigilante de las violaciones. Tú eres jefe de un grupo, y tu grupo decide hacer una manifestación en la Plaza Cívica. Y este grupo tuyo es reprimido, golpeado, maltratado. Nosotros analizamos: ¿Qué artículos se violaron? ¿Qué violación se cometió? Y nosotros denunciamos todo. Esa es nuestra función —denunciar— y por eso, tú ves que en dos meses se hacen 200 ó 300 denuncias. He perdido la cuenta del número de denuncias que se han hecho en los últimos tiempos. Estamos denunciando constantemente.

Y mucho cuidado; puedes asegurarte de una cosa: denuncia que sale de aquí de Cuba, del Comité, es cien por ciento cierta. No te digo 99, no. Cien por ciento cierta. Porque la verificamos, la comprobamos, comprobamos los hechos, mandamos nuestros elementos para que averigüen. Tú vas por una parte a averiguar, él va por otra parte y yo voy por la otra, y los tres coinciden. Así que no decimos que asesinaron a un hombre si no sabemos por cierto que lo asesinaron. Eso nos ha dado mucha credibilidad en todo el pueblo de Cuba y en el extranjero. Cuando el comité dice una cosa, saben que es cierto. No importa lo que el gobierno diga, sabemos que es cierto. Hablamos de desaparecidos, y tenemos constancia de que han desaparecido.

GONZÁLEZ: Está muy bien hacer esta aclaración. Todos estos grupos tienen sus funciones, pero todos se unirán. Ahora hicieron esta Concertación [Democrática Cubana] y esta Coalición [Democrática Cubana], porque se han multiplicado tantísimo.

YANES: Ya te dije, éramos un pequeño grupito. Ricardo Bofill fue el creador de todo este movimiento de resistencia cívica. Cuando él se fue de este país, el movimiento todavía era pequeñito. Pero cada día crecemos, y eso le sorprendería. Ahora, si él viniera y viera esto, diría: "¿Qué han hecho ustedes?"

GONZÁLEZ: Aparte de eso, hay otra cosa que quería decir. El pueblo entero, y estoy hablando de Pinar del Río a Oriente, cuando sucede una violación de derechos humanos, un acto de repudio o alguna acción, inmediatamente nos apoya. Hay policías que han tenido que salir huyendo. En La Habana, por ejemplo, hubo un caso que denunciamos hace solo unos días. Un policía quería detener a un cieguito porque el cieguito estaba vendiendo baratijas.

YANES: La pensión que el cieguito recibe es una pensión minúscula, y la vida está muy cara. Nadie puede comer con dos pesos en La Habana, necesitas por lo menos diez pesos. Ese ciego tiene que vender baratijas, artesanías, sellos. Bueno, pues la policía los persigue de vez en cuando, e inician una batida contra esos pobres ciegos ahí en la calle. Todos son minusválidos, gente que no puede trabajar, y se agarran ahí y se arman unas peloteras tremendas. Pues esta vez cayeron como 40 ó 50 personas a defenderlo, y no pueden detener a ese número de gente.

GONZÁLEZ: Esos son síntomas. Por ejemplo, a mí me hicieron un acto de repudio, y terminado ese acto de repudio empezó un desfile que me hizo llorar ahí en la casa, por el apoyo inmenso de todos los vecinos. La mayoría de los vecinos vinieron y decían: "Yo no estoy de acuerdo con esto". Y oficiales y miembros del partido vinieron a verme, a decirme que ellos no estaban de acuerdo con eso. Que se quitaban el uniforme si había que quitárselo y entregaban el carnet, pero que ellos no iban a permitir eso. Era un apoyo enorme.

Hay simpatía general por el movimiento porque la Seguridad del Estado, al enfrentarnos a nosotros, enfrenta al pueblo. Porque dentro del movimiento de derechos humanos no hay delincuentes, no hay alcohólicos, no hay personas mal educadas. Todos resultan ser estudiantes, trabajadores, personas honradas, intelectuales, obreros, etc. La Seguridad del Estado se está enfrentando a personas que tienen una trayectoria limpia, que tienen una actitud cívica cien por ciento cubana. Entonces no tienen con qué enfrentar eso, y el pueblo no va a apoyar ahora a los delincuentes que se dicen revolucionarios. Apoyan a la gente de bien. En resumen, la simpatía del pueblo es casi general por los activistas de los derechos humanos.

Un índice que podría dar una medida de eso es el hecho de esta manifestación pequeña que se hizo allí en Villa Marista, por los dos hermanos que fueron llevados presos y fueron golpeados. Se podría tomar eso como un termómetro. Ahí participaron muchas personas, gente del pueblo, y declararon y denunciaron lo que pasó allí. Defendieron a los hermanos y recibieron golpes. Esta es una nación muy valerosa. Hay que quitarse el sombrero ante la gente que tuvo la valentía de hacerlo. Y el hecho de que hayan recibido ese apoyo por una buena parte de la gente que estaba allí da una idea de cómo la gente está perdiendo el miedo.

YANES: Está pasando una cosa muy singular, Chris, que es —y eso lo palpamos los que estamos en la calle— la pérdida del miedo a Castro por completo. Hace un año y pico casi, a nosotros nos hicieron el acto de repudio en la casa, en marzo del 1990. En esa época todavía la gente tenía mucho miedo a manifestarse, y yo te diría que a partir de esa etapa para acá la gente empezó a enfrentarse. Porque aquí vino mucha gente que llamó a mi casa para justificarse conmigo, por si yo los había visto. Pero yo no vi a nadie en ese tumulto, estaba como cuando uno está en un escenario, que tu ves el público, pero no ves la cara de nadie. "Yo tuve que ir porque me sacaron de la universidad, me sacaron de clase. Les dije que estaba malo de la garganta y me dijeron que no importa, que tenía que ir." Había una cantidad de gente que tenía que ir, y así mucha gente venía a justificarse. Si el acto de repudio que se hizo el 8 de marzo lo hacen hoy, sería otra cosa.

Frente a una turba enfurecida, a ti no te quedan más que dos caminos: enfrentarte a ellos o ser pasivo. Nosotros decidimos ser pasivos. Me reía, y me decían y tú te ríes, y yo decía que me daba risa verle la cara a esta gente que me insultaba así, impunemente. Pero hoy, si ese acto de repudio se diera, se armaría una baraúnda. Porque va a haber gente que nos va a atacar, pero también va a haber gente que va a salir a defendernos. La situación es diferente, ha cambiado completamente.

Eso no lo sabe la gente que salió de Cuba hace 30 años. Se llevaron una óptica de nuestro país y esa óptica era lo único que tenían del país. Pero esto cambió. Cambió el vocabulario, cambió la gente, cambiaron los jóvenes. Es completamente distinta la juventud de hoy. Yo te lo digo porque a veces en mi barrio yo leo *El Herald* —éste es un ejemplo insignificante— y los jueves El Herald trae una sección que se llama "social", donde aparece que fulanita cumplió 15 años, la fiesta de esto, la fiesta de lo otro. Eso existía en Cuba en los años de tu tío Nicky Silverio y míos, en los años 40 y 50: la crónica social. Los muchachos de hoy en Cuba se burlan de eso. Se burlan de esas cosas porque la generación de ustedes tiene otro concepto de la vida, tienen otros valores. Ustedes viven la vida con distintos valores, con esos que existían en Cuba hace 30 años. Por eso ustedes no pueden entender esto.

Cuando Tony Varona nos llamó a nosotros traidores, diciendo que Gustavo Arcos iba ganarse el Premio Nobel de la infamia, porque hablamos de dialogar, cuando se afirmó eso yo me indigné. Y le escribí una carta donde le decía, a él que es mi amigo —combatimos juntos contra Batista, estuvimos juntos en muchos movimientos de armas en Estados Unidos, cuando estaba exilado durante la época de Batista— y le decía: "Tony, usted fue un luchador en la década de los 30; usted era un luchador de la Universidad; usted prácticamente nació en la Universidad; usted perteneció a la plana de jóvenes que crearon el Directorio Estudiantil Universitario que se enfrentó a Machado, y que daba tánganas en la Universidad; frente a cualquier desmán del gobierno, ya ustedes se le enfrentaban. ¿Usted se imagina la Universidad de hoy haciendo lo que ustedes hicieron? Eso no puede suceder".

¿Y sabes, Chris, por qué no puede suceder? Porque la Universidad de hoy está plagada, llena de gente de la Seguridad del Estado. Jóvenes que están estudiando y que ganan un sueldo por ello, ganan un sueldo por pertenecer al Estado. Están cuidados, están siguiendo una carrera. Esa gente está ahí para vigilar a los estudiantes. No podría ocurrir que Machado contratara a un joven que hiciera eso, porque tan pronto lo detectaban, los otros le caían arriba y lo sacaban a palos de la Universidad. Ellos se infiltran entre los profesores, entre los alumnos, y todo lo tienen infiltrado.

Así que la Universidad está muy pasiva. Ahora es cuando están empezando los primeros movimientos estudiantiles, como los Seguidores de Mella, que dirige Jorge Quintana, y están creándose ahora los fermentos de lo que va a ser la Universidad algún día. Estoy absolutamente seguro de que algún día la Universidad explotará también. No sé si será el mes que viene, no sé si será dentro de dos meses o dentro de tres, porque está muy cerca. Yo le decía el otro día a Teté que yo estoy sintiendo en este país la inquietud que había en Cuba en el año 1958, durante la caída del frente de Batista. Se siente en la gente. Además, cuando aquello había comida, y yo siempre he oído decir desde que era niño que el hambre es mala consejera. Entonces no sabía el significado, pero ya lo sé.

Veo gente muy pasiva en los supermercados que viene a buscar la leche. Van a trabajar a las seis de la mañana, para regresar a la casa a las seis o siete de la noche. Van a pasar por la bodega rápido y les dicen que se acabó la leche. Y aquella mujer protesta violentamente porque se acabó la leche. Y a otras les dan seis latas de leche para los niños, y tres latas para los más jovencitos, y eso no les alcanza para nada. Entonces tienen que levantarse a las cinco de la mañana, o a las cuatro de la mañana, y hacer la cola hasta que llegue, pues la leche no tiene hora de llegar. En todos los países el lechero llega al amanecer, bueno pues aquí no. Aquí no se sabe cuando va a llegar, aquí la leche puede llegar a las doce del día, a las dos de la tarde, a las cuatro de la tarde.

Entonces se está creando un fermento de desconcierto, de disgusto en la gente. Por eso digo que un día va a explotar. Yo no sé si va a ser mañana o cuándo, pero lo sentimos. Y sabemos que estamos caminando por un terreno que está minado, y si pisamos la granada, vuela todo esto.

KEAN: ¿Ustedes no tienen idea de cuándo sería eso?

YANES: No se puede predecir. Ahora mismo que estamos hablando aquí, en este momento pueden estar reunidos cuatro coroneles, dos generales, seis capitanes, dos mayores, y estar decidiendo el futuro. Porque eso tiene que salir de allí. Viene de adentro, y después lo apoya el pueblo. Cuando nosotros hablábamos hace dos años de dialogar, no hablábamos de dialogar con Fidel, porque él no puede. A lo mejor Fidel está loco por dialogar, pero no puede hacerlo por una razón muy sencilla. Esto es como una gran presa en donde el agua está contenida en todas partes. Si en esa presa abres una pequeña fisura por donde se escape una gotica de agua, puede de repente empezar a salir un chorrito, y ese chorrito empieza a crear el rompimiento de la presa.

En cuanto él haga el menor movimiento hacia un diálogo o una conversación con alguien, la gente que lo rodea enseguida va a pensar que él está preparando las condiciones para irse. Y ahí mismo, desde adentro, o lo matan, o sencillamente empiezan con los fusilamientos. Nosotros no queremos que aquí haya un baño de sangre, porque en el baño de sangre van a morir los jóvenes. Yo estoy demasiado viejo para ponerme al frente de una manifestación, de cargar un fusil y lanzarme a la lucha. No me faltaría el valor para hacerlo, pero por la ley de la vida no me toca hacer eso. Los jóvenes sí, siempre son los jóvenes los que han muerto, como en los tiempos de Batista. Entonces, si eso va a suceder él no puede, de ninguna manera, entrar en ningún tipo de diálogo. Tiene que mantenerse.

Nosotros no hablamos por él, sino por toda la gente que lo rodea, la gente que tiene 40 años, 42, 45, que cuando triunfó la revolución eran muchachos de 10 ó 12 años. Esa gente que se crió con esta revolución salen y se quedan fuera. Cada rato se oye decir que se queda un ministro, que se quedó otro ministro, y nosotros decimos ¿pero por qué, si éste hasta ayer estaba viviendo aquí como un rey? Pero el valor que tiene la libertad es increíble. Cuando pasó este problema en la Unión Soviética, vimos que esa gente no regresa más nunca, porque ya conocieron lo que es la libertad.

GONZÁLEZ: Esta es una época diferente. Yo veo a Fidel como un personaje de ambición, de poder militar, que viola lo que es sagrado en cualquier nación, que es el derecho del pueblo a elegir su presidente. Aplasta el derecho a elegir su presidente. Lo aplasta por la fuerza, usando las armas. Lo que ha sucedido es que todo el mundo se ha virado contra ese personaje. Las democracias no van a dar ni siquiera un milímetro de posibilidad a ese personaje para que gobierne más. Eso nos dice que esta no es época para dictadores. Uno revisa la historia antigua y se da cuenta de que cada cosa tiene su época.

Pero eso se produjo por un elemental sentimiento del ser humano. El ser humano no es una cosa acabada. No es una madera, no es un pedazo de piedra, no es una cosa hecha ya. El ser humano es una obra que está llena de sentimientos, y por lo tanto tiene el peligro de sentirse frustrado. Lo importante es que está en constante desarrollo.

Ahora vemos en Europa que en muchos países han ido eliminando las fronteras. Empezando el año próximo van a caerse una buena cantidad de fronteras en Europa. Por ejemplo, ya un alemán puede estar en tal país sin ningún tipo de distinción. Y las sociedades van siendo un poco mayores, y van siendo más abiertas.

En esta época se ve que los hombres están cansados de estar mirando a la tierra, cansados de estar fajándose entre ellos. Por ejemplo, estaba viendo anoche el CNN World Report, se ve eso aquí, pero se mutila. Esa noche pusieron una imagen de la creación de un lugar en un desierto donde se podía vivir hasta un límite de dos años, para hacer la prueba para después viajar a otros planetas. Yo estaba viendo esa película como un indicio de que el hombre está mirando al futuro, de que el universo es muy grande.

Entonces vemos que el caso de Cuba es obsoleto totalmente. Tenemos una persona que quiere apoderarse del pueblo y que niega el derecho del pueblo a elegir al presidente. Se acabó la época de eso, y Castro no lo entiende. Castro está obligado a seguir como está, porque se ha mantenido en esa línea y ahora dar un paso atrás es sencillamente el fin.

YANES: El no puede, de ninguna manera, aunque quisiera. A lo mejor si yo hablara con Fidel solito, así como hablábamos en aquella época con Gustavo, diría: "Quisiera conversar, pero ya yo no puedo, por la gente que me rodea". Tú sabes, si empieza a hablar estalla esto y se le arma el gran berenjenal.

ARCOS: Hay una máxima china de tiempos de 2,000 años antes de Cristo, y hablaban de estos casos. Es más o menos así: un déspota en el poder que se ha sostenido como se dice a sangre y fuego, y que en su última etapa, ya debilitado y en decadencia, quisiera ver qué salida él pudiera tener, pero es como el caso de un cazador que se encarama encima de un tigre, descubre que aun está vivo y después no sabe cómo bajarse.

YANES: Es cierto: él está montado en un tigre. Si se baja, el tigre se lo come. El tigre es la gente alrededor de él. Como decía, si él permite que haya una fisurita pequeñita en la presa donde empiece a salir un chorrito, va a haber una explosión.

KEAN: Y ya hemos visto el ejemplo de Europa del Este, cuando trataron varios de bajarse del tigre.

YANES: Tiene que seguirse manteniendo hasta que de adentro lo saquen. Esa es la gente de que nosotros hablamos. Nosotros hablábamos de diálogo, pero sabíamos que no iba a haber diálogo ninguno con él, sino con los otros. Como estaba diciendo, en la época cuando triunfó la revolución ellos tenían diez o doce años. Ahora tienen cuarenta y pico. Son dirigentes, coroneles, generales jóvenes que no estuvieron en la Sierra. Pero yo no sé hasta dónde van a seguir a este señor.

Además, tiene que ver con lo que decía Chris. El ejemplo de Europa del Este no es sólo para nosotros, pero para ellos también, porque ellos leen la prensa, y se enteran de todas las cosas. También tienen familia, también tienen hijos, también tienen mujeres.

ARCOS: Estas son unas denuncias que hemos recibido, que vienen de unos delegados que representan a nuestro Comité en las provincias. Esta es una que viene del sur de Oriente, y trata de tres oficiales del ejército que oían las emisoras de fuera, sabiendo los riesgos. Entonces llegó un momento en que, por algún error, por algún familiar, por alguna ligereza, llegó a oídos de la inteligencia militar. Entonces estos oficiales fueron sometidos a un acto de repudio. Estos señores no hicieron nada. No fue conspirar, sino oír las emisoras. Y como esos hay muchos más. Así que cuando hablamos de una resistencia, te puedo decir que ahora ha llegado a un nivel superior.

Por ejemplo, ¿quiénes son los que inician la transformación en la Unión Soviética, la *perestroika* y el *glasnost*? Son los insatisfechos que han vivido bajo la protección del sistema, hasta que por su capacidad no necesitan más las protecciones. Llega una nueva generación.

Pero un Gorbachev solo, en un engranaje de tal gente, nunca hubiera podido hacer nada. Y si él hubiese insinuado algo, rápidamente lo hubieran eliminado. Pero cuando él llega, él representa el sentir de muchos miles de gentes que están hartos del sistema.

Ellos oían las transmisiones de La Voz [de América], de Radio Libertad. Al mismo tiempo, en los viajes de ellos, cuando visitaban el mundo, vieron lo que era el sistema de ellos. Y no era como ellos creían al principio, con esa prepotencia, cuando ellos fueron a la universidad, cuando hablaban con algunos de sus amigos. Hablaban de las masas, y de que era inevitable la sustitución del sistema que nosotros llamamos capitalista por el Marxismo-Leninismo, y de que eso perduraría siempre. Pues no duró cien años. Esa soberbia intelectual de esa gente fue castigada, pero fue castigada a costa del sufrimiento de millones de personas, que han tenido que sufrir la represión del experimento traumatizante de este sistema.

KEAN: Otra pregunta. Ya se sabe que Cuba es un caso muy diferente al de Europa del Este por varias razones, pero una de las razones que se dan es que los países del Este fueron conquistados por el sistema socialista, por las tropas de la Unión Soviética.

ARCOS: Y los pocos comunistas de cada uno de esos países que se habían refugiado venían entonces en los carros de los vencedores. Bueno, eso es un argumento que se oye acerca de Cuba, y acerca de otros países del tercer mundo. Oye, esto fue una invasión. Esto fue impuesto. Esto lo decimos nosotros porque nosotros lo conocemos: Castro no era comunista, ni es comunista. Ayer oí a alguien decir que "Castro es tan comunista como la Reina Isabel II".

YANES: Eso nos hizo mucha gracia. Y es verdad.

GONZÁLEZ: Aquí dice, según el amigo Almenares Castellanos, que estos tres oficiales fueron degradados por grabar cassettes de los mensajes del comandante Húber Matos. Esto es una información general del panorama de este municipio. Por otro lado, los jóvenes que van a la cárcel siguen hablando de los casos. Aquí están los nombres de los tres oficiales que tenían los cassettes grabados.

KEAN: ¿Oficiales de la FAR?

GONZÁLEZ: De la FAR. Voy a decir bien claros sus nombres: Víctor Nueva Paz, Diego Almenares Castellanos, y Andrés Álvarez Colomé. Estos tres oficiales fueron degradados porque grabaron cassettes de los mensajes del comandante Húber Matos.

ARCOS: Esta es una información del municipio Mella en la provincia de Santiago de Cuba. Además, este Colomé se sabe que es oriental, y Almenares también.

GONZÁLEZ: Este es un informe que hacen ellos acerca de la situación en los municipios.

ARCOS: Vamos a mencionar otro caso, como el caso de un buey que estaba enfermo. Se muere el buey, y el veterinario dice que debe ser incinerado. Entonces un capitán de la policía le dice que eso se debe dar al pueblo para el consumo, corriendo el riesgo entonces de enfermar a todo el mundo. Todo eso forma parte del informe, que tiene fecha de 18 de septiembre.

La gente que nos trae estas informaciones de las provincias son de mucho coraje, y corren muchos riesgos de ser arrestados. Esto es algo que quisiera que lo sepa el exilio. La nación cubana no se encuentra en La Habana, en La Habana hay una combinación de gente de todas partes. La nación cubana está en los 8 millones de personas que viven en las provincias. Esa gente nos apoya mucho a nosotros. A nosotros nos pasa cualquier cosa y tenemos un mecanismo de defensa. Rápidamente avisan a los organismos de prensa, a las embajadas y a la Oficina de Intereses, a las organizaciones cubanas no gubernamentales, como la Iglesia, por ejemplo.

Y cuando ocurre algo en las provincias, en Las Villas, si alguien del Comité se entera, entonces nos hace llegar la denuncia. Pero, en una atmósfera como ésta, uno se dice ¿cómo se han ido informando? Pues con un mecanismo así han podido comunicarse, como una red de comunicaciones. Que alguien de adentro pueda venir a vernos aquí, se hace difícil, por el problema de transporte. Para poder llegar las noticias, tiene que haber un cuerpo estrecho —me supongo que esto es así— que va de provincia a provincia.

KEAN: La mujer de mi primo es la periodista Ana Santiago, que estuvo aquí hace dos meses, durante los Juegos Panamericanos. Yo leí los artículos que escribió, y me parece que la situación ha cambiado de entonces a acá.

YANES: Sí, esto cambia por día.

ARCOS: Yo creo que no es exagerar decir que cambia por día.

YANES: Tú fuiste hace dos meses a las provincias. ¿Tú no notaste los cambios allí?

ARCOS: Sí, y cambios fundamentales, en cosas fundamentales como el problema del transporte. No hay transporte, así que utilizan la bicicleta. Y si no hay bicicleta, utilizan los pies. Y ahora verdaderamente se está pasando hambre.

YANES: Cuba —siempre yo lo oía decir desde niño— Cuba es un país donde no se puede pasar hambre. No es el caso con la Unión Soviética. Si la Unión Soviética no recibe grano, este invierno va a ser terrible. Y los problemas de transporte los tienen ellos también. Nosotros tenemos aquí un problema de transporte muy malo, y vivimos en unas condiciones muy malas.

Para que tengas una pequeña idea: en el mes de julio a mí me tocan seis latas de leche, por mi edad. A los hombres más jóvenes que yo, que no llegan a los sesenta años, solamente les tocan tres. En el mes de julio, de las seis latas que me tenían que dar, me dieron cuatro, dos y dos, y en la última decena de julio no llegó. Me deben dos latas de julio, las seis de agosto y las seis de septiembre; me deben 14 latas de leche. Se está convirtiendo la deuda que tiene el gobierno conmigo en una deuda eterna, porque ¿cómo van a pagarme eso? No me lo pueden pagar, porque el caso mío es general. No es a mí solo, sino que le deben a todo el mundo. Desde oriente hasta occidente le deben leche a la gente. Es una desgracia.

KEAN: Yo estuve hablando con una señora el otro día, aquí en La Habana Vieja, una señora con quien me encontré. Me dijo que ahora parece que los Comités de Defensa están agitando para que la gente renuncie esa deuda.

YANES: Como dicen, borrón y cuenta nueva. ¡Qué demagogia!

ARCOS: Y si la gente falla en eso, y renuncia esa deuda, entonces hay un precedente, y en la próxima se da menos. ¿Tú sabes lo que es vivir así?

Aquí el jabón es una cosa apreciada, especialmente en las provincias, porque aquí todavía se halla de vez en cuando. Hay gente que dice: yo llevo no sé cuantos días bañándome con agua y nada más, cuando hay agua, lo cual es otro problema. Entonces se está haciendo uso del jaboncillo, que es algo que crece silvestre. Y algunas personas lo están usando.

YANES: La gente está usando jabón artesanal. Ahora las mujeres se lavan la cabeza con detergente cuando lo consiguen, o con pasta de dientes rusa cuando la consiguen.

GONZÁLEZ: Ellos plantean que van a hacer una planilla para que, a través de ella, la gente dé las firmas, renuncien a esos productos básicos que les han quedado debiendo. No lo van a hacer de manera oficial. Primero dicen eso, para ver cuál es la reacción.

ARCOS: Esa es la costumbre del gobierno, de sugerir primero. Y si la reacción es mala, pues dejan de hacer esa gestión.

KEAN: Sí, la señora esta me dijo que el pollo, por ejemplo, ella está supuesta a recogerlo cuatro veces al mes, y que ella fue las cuatro veces, pero solo pudo conseguirlo dos veces. Y lo mismo con otros productos también.

YANES: Yo no sé cuánto tiempo hace que no nos dan carne de res. Yo creo que fue en el mes de julio la última carne de res que nos dieron.

KEAN: ¿Hay mucho resentimiento contra los turistas? Porque ellos comen lo que quieran.

YANES: No, no, contra el turista no hay resentimiento. Pero sin embargo, hay una cosa. El turismo está haciendo crecer a unos niños en este país que lo único que quieren ser es turista o extranjero. Tú le preguntas a un niño qué quiere ser cuando sea grande y te dice: "Extranjero".

ARCOS: Sí, estos niños, desde que tienen uso de razón, ven que su padre ha estado preso, o que su tío tuvo que irse del país, o que la familia ha sido discriminada por sus creencias religiosas. Ese chiquito ha ido creciendo, y cuando tiene razón y conciencia se da cuenta de estas cosas. Y cuando se les pregunta qué quieren ser cuando sean grandes, normalmente contestarían: "Yo, marinero", "yo, aviador", "yo, carpintero", "yo, pelotero", "yo, boxeador". Pero el muchachito contesta: "Yo, extranjero".

YANES: ¿Tú sabes por qué? Porque llegan a los lugares donde pueden pasar los extranjeros. Y al muchacho le dicen que no puede pasar, y los extranjeros pasan. Y él pregunta por qué los extranjeros pasan y él no, si él puede pagar, él tiene el dinero para pagar. Y si necesita un taxi, el extranjero para el taxi, y se mete; pero el taxi no para por el cubano; el taxi está vacío, pero él no puede agarrar ese taxi, porque es un taxi para extranjeros; y así, él ve que un extranjero puede coger un taxi y él, que también es un ser humano, no puede tomar un taxi. No puede entrar en un hotel. No puede entrar en un restaurante: cada día hay menos lugares en La Habana donde comer.

KEAN: ¿Cuál papel debe tener la comunidad cubana residente en Miami, en estos cambios?

GONZÁLEZ: Seguir las acusaciones que salen de Cuba con mucha atención, y siempre estar dispuestos a favorecer cualquier acción pacífica, repito cualquier acción que sea pacífica.

ARCOS: Y apoyar a los activistas dentro de Cuba. Ya el gobierno ha perdido la iniciativa, y está saboreando lo que se ha buscado, lo que sembró. La gente está perdiendo el miedo. Se está perdiendo lo que plantó el régimen, la cultura del terror. Entonces ya nadie quiere creer. Ya el régimen no tiene autoridad en el pueblo. Se mantiene con el mecanismo del terror.

Este pueblo, en masa, está muy necesitado. Cuando los generales, cuando sus mujeres también lleguen a ese punto, va a ser inevitable el colapso. No lo podemos iniciar nosotros, que estamos desarmados. No el pueblo, no los activistas, lo van a hacer de arriba, de una forma u otra como en los países de Europa del Este. Y cuando ese grupo de burócratas estalinistas trataron de volver a dominar al pueblo ruso y a la Unión Soviética, fracasaron porque ya el pueblo había tomado conciencia. A nosotros nos llegaron esas noticias a los pocos días, pero ustedes pudieron ver por televisión que desde el primer día del golpe, la muchedumbre que salió a apoyar al parlamento ruso. Yo pude ver *El Herald* del 23 de agosto, creo, con fotos de la gente encima de los tanques conversando con los soldados.

No sé si aquí pasará igual. Pero cuando todos sentimos el frío juntos, cuando todos sienten el hambre igual, en circunstancias semejantes, la gente actúa, y se cae el sistema. El pueblo va tomando conciencia de que el régimen está mostrando su incapacidad para encontrar soluciones humanitarias a estos problemas.

Pero además de estos problemas de escasez, tenemos los problemas sociales. Así que aunque todos estuviesen satisfechos, aunque todos los llamados logros del régimen se mantuviesen, eso no importa nada sin la libertad. Tenemos un régimen brutal que ha durado ya más de treinta años, y el pueblo ya sabe que la situación no va a mejorar. Han vivido ya demasiado tiempo bajo el terror. Ahora, la gente ya siente que Fidel está viejo, y cuando haya una señal que está al caerse, entonces el pueblo va a salir a denunciarlo.

YANES: Porque en los diez años, en los quince años que le quedan de vida ¿Adónde nos puede llevar a nosotros? Tiene 65 años, y se ha pasado 32 años, la mitad de su vida, viviendo con todo el poder en la mano.

ARCOS: Y además no tiene la piedad, la compasión por este pueblo para encontrar una salida digna, para que todo el odio que se ha acumulado en este país no pueda romper el yugo y explotar en violencia y pérdida de sangre. Para mí él piensa como Luis XV de Francia, en sus últimas ya, cuando las guerras exteriores se habían perdido, y con la diferencia enorme entre la masa del pueblo y los que los gobernaban. Y él dijo: "Después de mí el diluvio". No se ve piedad, no se ve ninguna conmiseración con la gente que tanto lo quiso.

YANES: Tú siempre dices una cosa, Gustavo, que es una gran verdad. Franco fue un dictador, pero Franco quería a España. Pero Castro no quiere a nadie, ni a Cuba, ni a su madre, ni a sus hijos. Lo único que él quiere es el poder, y el poder como lo tiene, absoluto.

KEAN: La última, pero la última pregunta. ¿Qué piensan ustedes acerca del embargo? ¿Ustedes creen que todavía es una cosa buena, o que sería mejor acabar con el embargo para que entren extranjeros, y para que Castro ya no tenga excusas?

ARCOS: Mientras dure el régimen de Castro, nosotros pensamos —sabiendo al decirlo, que alguna gente sentimental o sensiblera no está de acuerdo— que debe mantenerse. Nosotros conocemos la naturaleza del régimen de Castro, que ya es la de una mafia que no tolera ningún paso hacia una salida. Vemos que los planteamientos que han hecho algunos gobernantes de América Latina, de Europa, incluso de algunos sectores en Estados Unidos, no han llegado a nada.

Entonces con gente así, con un régimen así, no se puede tratar. Tenemos el caso muy reciente de la guerra del Golfo. Durante cinco meses mandaron un delegatorio tras otro a Saddam Hussein, para convencerle que saque sus tropas de Kuwait. Se impuso un bloqueo, un verdadero bloqueo total, porque aquí se usa mucho la palabra "bloqueo", pero es falso porque lo que hay aquí es un embargo comercial de Estados Unidos. Aquí durante el embargo siempre estaba el puerto lleno de barcos de todas las banderas, con la Unión Soviética detrás de muchas de esas banderas. Pues cuando sucedieron los cambios en Europa del Este, se vio casi inmediatamente la incapacidad de Castro. No guardó reservas. Todos los recursos que mandaron los países del bloque soviético no los sembró aquí. Así que cuando vinieron los malos tiempos, se mostró la incapacidad de Castro.

¿Tú crees que tú puedes convencer a un tigre? ¿Qué puedes hablar con un tigre para que no te ataque? Tienes que estar preparado, sabiendo lo que es un tigre. Entonces en esta situación nosotros decimos —con plena responsabilidad, que estamos aquí, y que sufrimos como todos— que estamos dispuestos a sufrir todas las dificultades que tengan que venir.

YANES: Estamos dispuestos a sufrir con los demás cubanos.

ARCOS: Sí, porque sería chistoso, estando afuera y diciendo una cosa o la otra.

KEAN: Por eso la gente en los Estados Unidos precisamente está muy interesada en lo que dicen los cubanos que están aquí.

ARCOS: Pues tú les puedes informar que nosotros decimos que no se le dé una gota de oxígeno, ni económico ni político, al régimen de Fidel Castro. Porque ellos siempre van a tener de todo. Mientras aquí en este país hay tremenda escasez, ellos siempre van a tener de todo. Sólo va a ser afectado el pueblo. Pero siendo afectado, se ve la reacción palpable en el pueblo.

Hubiera sido más bonito —pero la naturaleza no es así— más bonito que el pueblo cubano ya hubiera dicho que basta de esta situación. Basta de la situación política, y de la situación económica, con la libreta, los servicios públicos. No queremos el sistema comunista. Es una vergüenza para nosotros como nación, una vergüenza que un individuo nos haya dominado por tantos años como un macho, como alguien del Oeste que gobernaba con su pistola.

Una parte del pueblo, tengo que decirte, ha luchado contra el comunismo. Desde que triunfó la revolución, muchos cubanos jóvenes han sido fusilados, y muchos sufrieron en prisión. Mario Chanes tenía tu edad cuando cayó preso, quizás un poco más, y sufrió treinta años. Y como él hay miles y miles.

¿Cuánta gente, cuántas familias han sido destruidas por este gobierno? ¿Cuántas personas fueron castigadas porque mantuvieron su fe en Dios? En Cuba, como en los Estados Unidos, como en cualquier país democrático, había libertad en cuanto a eso. Pero aquí hubo una represión absoluta, feroz. La Iglesia Católica, que era la mayoritaria, sufrió la expulsión del país de dos mil sacerdotes y monjas. Casi todas las propiedades, las iglesias, las escuelas, se los cogió el Estado. Y muchos jóvenes de familias católicas fueron discriminados.

Mientras una parte de la sociedad resistía, otros siguieron al régimen. Y la mayoría no tenía un concepto de los eventos que estaban ocurriendo. Ahora, va a llegar un momento en que esa mayoría va a explotar. Una parte de la población explotará por razones de necesidad. Y otra parte por la idea de la libertad. Y ahí se acaba.

GONZÁLEZ: Sobre el embargo, hay la posibilidad de que no tengan nada que decir ya, porque prácticamente se decidió eso. Castro no puede hablar ni ahora, ni antes, ni después por esta razón. En una entrevista que le hizo alguien de la NBC creo, o la CBS, le preguntaron: "Sr. Presidente, ¿usted considera que las relaciones con los Estados Unidos podrían aumentar ahora en estos momentos?" Y la respuesta de Castro fue: "A nosotros no nos interesan las relaciones con los Estados Unidos. Ellos pueden tener el embargo comercial", porque en esa ocasión habló de embargo, y no de bloqueo, "y nosotros no le hacemos mucho caso porque nosotros no necesitamos nada de los Estados Unidos. El socialismo es el futuro del mundo, y ahora somos más poderosos que nunca. Tenemos el mejor comercio, las mayores facilidades".

Públicamente dijo eso, que en Cuba no hace falta nada, y que el socialismo lo va a resolver todo. Entonces, si él ya dijo eso, ¿cómo él precisamente, ahora que el bloque soviético se derrumbó, puede cambiar esa canción? Ahora de nuevo usa la palabra "bloqueo", diciendo que es un bloqueo criminal, que es por eso que Cuba está así. Toda la culpa que debe tener la incapacidad del gobierno la tiene que cargar el embargo comercial.

Lo más importante de esto te lo voy a decir ahora. El asunto es que tú analizas la situación de Cuba en estos momentos, y ves que si quitan el embargo comercial que Cuba no tiene con qué comprar nada. En realidad, suponiendo que no hubiera el embargo, no hay dinero con qué comprar. Ellos están invirtiendo en cantidades de cuatro millones de dólares, para comprar determinadas cosas de suma necesidad para nosotros. Y una inversión de cuatro millones en este momento en Cuba, es como si tú me dieras diez centavos para resolver un mes. Es absurdo. No se puede resolver el problema cubano con que se elimine el embargo comercial. Esa es una política que está utilizando el régimen en estos momentos para decir que Estados Unidos es culpable de todo.

ARCOS: Como siempre, están echándole la culpa al bloqueo imperialista. A la misma vez, jamás se le ha echado la culpa por nada a Fidel Castro. Siempre se le echa la culpa al ministro de esto o lo otro. Fidel se indigna, y empieza a gritar, y el ministro cae en desgracia.

YANES: Y uno se pregunta ¿por qué ahora, por qué precisamente ahora? Es que se acabó la Unión Soviética, se acabó Alemania del Este. Porque aquí no faltaba la penicilina, porque era penicilina soviética. Aquí jamás faltaban las medicinas. Podía faltar una medicina especializada o sofisticada del mercado norteamericano, para mí, para la gente del pueblo, pero para ellos no. Ellos mandaban a buscar. Encontraban todo eso a través de Panamá. Pero se les acabó Panamá, se les acabó la Unión Soviética, se les acabó Alemania del Este, se les acabó Polonia. Por eso es que grita ahora lo que en treinta años no gritó. Es un escándalo que ha armado, que ha movilizado en América Latina y en todo el mundo, y ahora todos están prestando atención al asunto del bloqueo. Si se lo quitan, ahí tiene su victoria. Así que nosotros somos de la opinión que no le deben quitar el bloqueo. Hay que decir como dice Bush: "Hasta el final". El día que Fidel abra, entonces que se lo quiten.

ARCOS: El pueblo cubano siempre ha vivido con la escasez, con las promesas falsas de Castro. Pero ahora, después de treinta años de esto, ya no. Lo importante es que el gobierno estadounidense diga claramente al pueblo cubano que en el momento que Castro respete a los derechos humanos en el sentido real, inmediatamente se levanta el embargo, y se deja entrar la asistencia humanitaria. Así se podría tener un *happy ending*.

GONZÁLEZ: Hay una frase que Castro ha usado, que él es un esclavo del deber.

YANES: El lo que es un esclavo del poder, no del deber.

GONZÁLEZ: Se le tiene que decir que si él quiere tanto al pueblo que se marche. Que permita que haya otros partidos, que haya elecciones. Hay tanto parque para responder a la demagogia de este personaje.

Pero el embargo no se le debe quitar, porque le daría la posibilidad de decir que finalmente se rindieron los Estados Unidos. Por que lo que se ha hecho en este país es mantener constantemente una campaña de publicidad. Cualquier persona que sabe algo de sicología se da cuenta inmediatamente del valor de eso. Es una campaña constante y permanente de que el imperialismo es un monstruo. Yo de chiquito, de cuatro o cinco años, tenía un trauma constante de que los americanos iban a venir a matarme. Y eso me imagino que lo han sufrido todos los que crecieron bajo el régimen.

KEAN: Muchas gracias a Gustavo Arcos Bergnes, Jesús Yanes Pelletier, y Rodolfo González.

ARCOS: Gracias a ti.

11. **Roberto Luque Escalona en las oficinas en Washington, D.C. de FREEDOM HOUSE y OF HUMAN RIGHTS, después de su llegada a los Estados Unidos en junio de 1992 (*foto José D. Acosta*).**

12. **Reinaldo Betancourt y Lázaro Loreto de ADEPO con María Celina Rodríguez, de Libertad y Fe.**

III
Roberto Luque Escalona, José Luis Pujol, y Reinaldo Betancourt, Lázaro Loreto*

La Habana, 5 de octubre de 1991

Christopher Kean, de Freedom House y Of Human Rights: La primera pregunta es sobre el bloqueo. ¿Qué creen ustedes acerca del bloqueo? Ahora en Estados Unidos hay mucho debate sobre ese asunto: que quizás sería mejor acabar con ello; que es un programa de guerra fría; que si se acaba con el bloqueo habrá más contacto. ¿Qué creen ustedes?

PUJOL: Es un tema complejo. Si uno se pone a analizar el tema del bloqueo desde la óptica de los defensores de cada una de las posiciones, uno casi tendría que llegar a la conclusión de que hay razón en cada uno de esos planes. Los que creen que la presión económica afecta a Fidel Castro y su régimen tienen razón, y en ese sentido afecta. Los que plantean que el bloqueo económico, si bien es cierto que afecta al régimen, coloca una carga bastante grande sobre las espaldas del pueblo, tienen razón. Y entonces en ese sentido se podría ver al bloqueo como algo injusto.

A mi entender —y yo vivo pensado esto ya desde hace mucho tiempo— el bloqueo en primer lugar es algo que no depende de nosotros. El bloqueo, o el embargo, o como dijo recientemente el Presidente de la Junta del Gobierno de Galicia, las "restricciones" al comercio con Cuba, viene del gobierno de Estados Unidos. Recientemente en julio de este año un grupo de asociaciones opositoras elevamos una propuesta, la llamamos así, una propuesta a los gobiernos de Cuba y Estados Unidos. En esa propuesta endosábamos una serie de puntos que incluyen entre otros el tema del bloqueo, del embargo comercial aplicado por Estados Unidos a Cuba. Y

*Miembro del Ejecutivo el primero y Secretario el segundo, del **Proyecto Apertura de la Isla (PAIS)**; y miembros de la **Asociación Defensora de Derechos Políticos (ADEPO)**, los restantes.

veíamos una posibilidad de ir aflojando, relajando ese embargo sobre Cuba como contramedida a un paso de apertura que fuera dando el gobierno actual de Cuba.

Si a mí me pidieran una opinión muy personal en este caso —yo pertenezco a un grupo pero repito que es una opinión muy personal mía— yo creo que efectivamente, no solamente el levantamiento del bloqueo, sino la normalización de las relaciones entre Cuba y los Estados Unidos favorecería en términos reales el proceso que estamos tratando de desarrollar para la democratización de Cuba, facilitaría ese proceso.

No obstante, existe en todo este drama un señor llamado Fidel Castro. Nosotros los cubanos conocemos la habilidad que tiene de manejar estas cuestiones en provecho suyo. Es difícil decir cuánto no podría ayudarle a Fidel Castro personalmente, como dictador absoluto en Cuba, un levantamiento del bloqueo. *The bottom line*, o sea, en conclusión: ¿Por qué no ver la posibilidad de un mejoramiento en las relaciones entre Cuba y los Estados Unidos, íntimamente relacionado con un proceso de apertura de Cuba, de democratización paulatina de Cuba, en que todos saldríamos ganando? Sobre todo, el pueblo de Cuba saldría ganando.

LUQUE: Yo creo que en cuanto al bloqueo o el embargo, la opinión que se tenga depende fundamentalmente de lo que se priorice. Hay muchos factores contradictorios. Si se prioriza éste o aquél, así será la opinión. Yo creo que en este momento la situación política es tal que él [Fidel Castro] está desesperadamente buscando una victoria. Y el problema que yo le veo al levantamiento del bloqueo, o incluso a su aminoramiento, es que le proporcionaría esa victoria. Sería una victoria puramente propagandística, porque él no va a resolver nada con eso. Pero él lo presentaría, sin duda, como un triunfo. Eso me preocupa, y eso es lo que me hace rechazar la idea del levantamiento o de la disminución del bloqueo.

El efecto que ha tenido sobre la economía cubana no es tan importante; mucho más importante es la disminución del apoyo de la Unión Soviética. Lo que no se permite, siempre se consigue en otros lugares, de otros países como Canadá, México, Brasil. No quiero decir que las otras razones no son importantes, porque sí son muy importantes, pero por una hay que decidirse. Yo me decido por la cuestión de la importancia propagandística que tendría para Fidel Castro el levantamiento del embargo. Le proporcionaría un triunfo cuando él está tan necesitado de un triunfo, después de una cadena de derrotas ya interminable. Por eso yo rechazo esa idea, aunque las otras cuestiones sean fundamentales. Pero uno tiene que decidirse por una, y yo me decido por esa.

KEAN: ¿Qué esperan ustedes que saldrá del IV Congreso del Partido?

PUJOL: Mi bola de cristal se quedó sin pilas. Si deseas te puedo dar un pequeño trabajito mío que salió hace unos días, que es mi opinión personal sobre el asunto. Si uno se va a guiar por los indicios que hay, bien por declaraciones oficiales de algunos personajes del régimen, por la propaganda de la gente que sabe del régimen, incluso por lo que piensa la gente en la calle, no se puede esperar nada bueno del Congreso. Así que creo que la opinión generalizada es que del Congreso no podemos esperar nada bueno.

Sin embargo, uno se pone a analizar la situación tan crítica del país, la situación tan crítica del propio régimen, la situación crítica nuestra como cubanos, y uno empieza a preguntarse, cómo puede ser esto, un congreso más cuando estamos abocados prácticamente al desastre, al caos, a un desplome común, a un caos social, incluso a la guerra civil, nadie sabe. En ese sentido ¿cómo se concilian, cómo se conjugan las señales que tienden a indicar que esto será un congreso más, con las circunstancias realmente dramáticas y tensas que estamos viviendo todos los cubanos, desde el más alto, que es el señor Fidel Castro, hasta el individuo más humilde? Cualquier cosa puede pasar.

Ahora, si pasa algo bueno en el Cuarto Congreso, maravilloso. Si algo positivo sucediera, por razones que yo desconozco, porque lamentablemente no tengo informaciones de esos niveles, si hubiera una facción pro-cambio que pudiera adelantar algunas medidas realmente profundas, y si se hicieran algunos cambios a fondo que condujeran paulatinamente a la democratización de Cuba, al cambio profundo y democrático en Cuba, bienvenidos sean esos cambios. Si es un congreso más, y si la cúpula de poder del partido trata de manejar el congreso para permanecer un tiempo más en el poder, pues entonces el pueblo sí va a hacer uso de la palabra. Y creo que va a hacer uso de la palabra dentro de muy poco tiempo.

LUQUE: Es bueno señalar este extraño asunto de un congreso a puerta cerrada. ¿Qué significa eso? Yo no tengo respuesta para esa pregunta, pero estoy seguro que significa algo. Que se haga un Congreso del Partido a puerta cerrada es significativo. Algo está sucediendo, o algo teme Fidel que suceda. ¿Qué es? Es imposible predecir; como expresó José Luis, no tenemos bola de cristal. Pero algo sucede, o algo teme él que suceda. Es la única explicación que se le puede dar a un congreso a puerta cerrada.

KEAN: ¿Cuántos días dura?

LUQUE: Cinco días.

PUJOL: Otra cosa, que casi se pudiera asegurar desde ahora, es que éste va a ser el último Congreso del Partido Comunista en el poder durante mucho tiempo. Puede que no sea el último Congreso del Partido. Si fueran inteligentes y propiciaran una salida sensata a la situación de Cuba, podrían seguir como fuerza política viva en el país. Podrían seguir desarrollando cuantos congresos quisieran. Pero me cuesta mucho trabajo pensar que el Partido Comunista, tal y como lo concebimos hoy día, va a estar en el poder de aquí a cinco años. Así que, para mí, éste definitivamente es el último Congreso del Partido Comunista de Cuba en el poder en un futuro previsible.

LUQUE: Estoy de acuerdo con lo que dice.

KEAN: Yo en estos días me he hecho el turista aquí; hoy es sólo el segundo día que he estado hablando con los representantes de los grupos disidentes. Todo el mundo, no importa si sea una señora mayor, un "jinetero", sea quien sea. Todo el mundo dice —ahí mismo en la calle— que ya es la última etapa. Yo estuve aquí hace cuatro años; me pasé tres semanas, y no encontré tal cosa.

PUJOL: Yo me incluyo también en ese grupo. Sicológicamente tú quieres tener algo positivo del Congreso. A pesar de las señales negativas uno mantiene las esperanzas. Es que realmente, la secuela inmediata de un congreso negativo, de un congreso ciego, es la opción cero, y la opción cero es el final, puesto que la opción cero no es más que una pseudoteorización del fracaso más profundo en que nos encontramos.

Por ende, yo me lo imagino así: comenzarán las manifestaciones públicas. Ya hemos visto algunos brotes en el interior, y hubo uno el 6 de septiembre aquí en La Habana. Los veremos con mucha más frecuencia; algunos no organizados, sino espontáneos. Veremos problemas en los centros de trabajo. Veremos problemas entre los estudiantes. Veremos problemas entre las madres que no tengan leche que dar a los niños. Veremos problemas entre los hijos que tengan padres ancianos, que no tengan medicinas y no tengan alimentos para sostenerse. Y esto va a provocar una situación sumamente explosiva en un futuro casi inmediato si no hay un enfoque realmente creador, imaginativo a los problemas de este país.

Por otra parte, es muy difícil esperar eso de esta administración. Si la administración se abriera, reconociera la disidencia interna, reconociera la disidencia en el exilio, si esa administración reconociera que hay determinadas figuras —que se llaman las figuras históricas en la revolución— que llevan demasiados años en el poder y que pudieran tranquilamente pasar al retiro; y algunas de las figuras tal vez más jóvenes, que estén menos comprometidas con todos estos años de exceso, se decidieran a promover un proceso de reconciliación, un proceso de debate nacional, puede que la situación de Cuba podría empezar a tener soluciones en un futuro bastante inmediato. Con el concurso de todos, incluyendo a las figuras más esclarecidas del gobierno, ¿por qué no? incluyendo a la disidencia interna, incluyendo al exilio, incluyendo a todos los cubanos.

KEAN: Una pregunta en dos partes: ¿Cuánto apoyo creen que tienen los grupos opositores en el pueblo cubano —en La Habana, en el campo y en las otras ciudades— y también, cuánto conocimiento tiene el pueblo de esos grupos?

LUQUE: Creo que el reconocimiento depende de las radioemisoras, de Radio Martí, la Voz del CID, las emisoras de Miami. Eso ha disminuido en cierta medida, porque Radio Martí tuvo que pasar a onda corta.

KEAN: ¿Por lo de TV Martí?

LUQUE: Exacto. Cuando estaba en onda media se podía hablar aquí de un 70%, por lo menos, de personas que oían Radio Martí. Y ahora no creo que sea tan alto como eso, porque la onda corta tiene sus dificultades. Pero no creo que baje del 50%.

Ahora, en cuanto a los porcentajes de representatividad, somos muy pequeños, eso es cierto. Los mayores grupos son de cientos de personas, lo cual es muy poco. Pero en cuanto a representar el sentimiento pro cambio de todos los cubanos, el sentimiento pro libertad de todos los cubanos, en ningún caso creo que baje del 80%. Yo no creo que Fidel Castro tenga la más mínima posibilidad de ganar una elección. Si sacara el 41%, por ejemplo, que sacó Ortega en Nicaragua, él diría que fue un fracaso, pero en realidad representaría un triunfo. No tiene la más mínima posibilidad de ganar unas elecciones limpias, supervisadas.

En ese sentido, y sólo en ese, los grupos de disidentes representan a una mayoría muy amplia del pueblo cubano. Lo que pasa es que tenemos una representatividad, digamos, otorgada, escasa. Representamos un estado de opinión, y ese estado de opinión yo no creo que baje del 80%. En otros lugares se llama la mayoría silenciosa, y aquí es absolutamente silenciosa.

BETANCOURT: ¿Y por qué representamos, como dice Roberto, el 80%? Por una cosa. Como dijo Chris, la gente dice en la calle que el cambio, el cambio. Pero existe una cosa que sí es real, que la palpamos: los cubanos tienen miedo. Miedo porque aquí hay un solo empleador. Miedo porque el Estado lo controla todo. Como ya saben, hoy comenzaron las represalias en mi trabajo, porque pertenezco a un grupo de derechos humanos. La cosa es que no perturba mi trabajo, es ajena a mi trabajo. Pero soy disidente; estoy en contra de la línea gubernamental. Y el grupito de seguidores de esa línea gubernamental ya comienza a tomar las represalias, porque ya yo sobresalgo. Ya no soy de esa mayoría silenciosa de que hablaba el hermano Roberto, sino sobresalgo, ya estoy actuando, estoy haciendo algo.

Los demás, la mayoría —es lo que he podido palpar, mi experiencia— tienen miedo. Quieren el cambio, pero temen actuar. Nosotros somos los representativos de ese 80%, por el miedo que tienen. Pero esperamos que poco a poco ese miedo se vaya venciendo, cuando lleguen, como esperamos, esas famosas explosiones sociales. Hubo un "dirigente" que habló una vez —quiso ser profético— de que iban a haber explosiones sociales en América, que esta América se iba a convertir en un país, no en un continente.

PUJOL: No sé si entendí mal a Roberto. En lo del 80% estoy de acuerdo, y podríamos hablar incluso de un porcentaje mayor. Roberto habló de un 50% de conocimiento.

LUQUE: De escucha.

PUJOL: Ah, bien. Hay un problema. Aquí estamos todos en un país donde no hay información, no hay estadísticas. Uno no sabe realmente a cuántos grados de escucha llega Radio Martí, la Voz del CID, Radio Caimán, la Voz de la Fundación. Me parece que aquí hay una dificultad. Y es que, es cierto que hay personas en Cuba, sobre todo aquí en La Habana, que han oído hablar de los grupos: el Comité Pro Derechos Humanos, Criterio Alternativo, MAR, ADEPO. Han oído hablar de Elizardo Sánchez, han oído hablar de Roberto Luque Escalona, han oído hablar de María Elena Cruz Varela. Y han oído planteamientos con los cuales simpatizan, y se identifican.

Sin embargo, eso no basta, digo yo. Esas personas incluso que están en esos casos tienen conciencia de que existen esas posiciones. Yo creo que, muy inteligentemente, el régimen ha interrumpido todas las comunicaciones en Cuba que no sean la transmisión de su propio mensaje, de arriba hacia abajo. Nos coloca en una situación muy difícil. Todos ustedes saben el poder de la imagen. Si además del mensaje, además de los nombres, contáramos con una imagen, si además de oír a Roberto pudiéramos ver a Roberto, ver como es Roberto y quién es Roberto como persona, sería mucho mejor. Porque si no, se convierten en voces. Nosotros somos, para la mayor parte de los cubanos, meras voces.

Ayuda cuando algunas personas de apoyo, sobre todo la gente más conocida de la disidencia, se va aquí, se va allá. La gente se siente contenta de conocer a Roberto, de conocer a Elizardo. Pero eso no basta. Televisión Martí hubiera sido una bendición en ese sentido. Y sin embargo, se ha convertido en un retraso, por lo que decía Roberto. Porque no fue, jamás fue. Y eso evitó que por lo menos Radio Martí pudiera seguir funcionando en ondas medias. Entonces ahí sí el tiro salió por el otro lado, como decimos nosotros.

No estoy seguro de cuántos sepan de la existencia de este o aquel grupo. Más importante, no estoy muy seguro de cuán influyentes somos nosotros sobre la población cubana. Tengo mis dudas. Y a veces no solamente mis dudas, sino a veces soy un poco escéptico.

LUQUE: Yo no hablaba tanto de influencia. Yo estoy de acuerdo contigo que la influencia no es muy amplia, porque no hay comunicación entre ellos y nosotros. Más bien, expresamos el estado de opinión que está en sus mentes. No se puede dudar que representamos al 80% de la población cubana. En un sentido más conservador podría decirse que representamos su estado de ánimo y su opinión; una opinión que no se atreven a decir por la eficacia de la represión, del aparato represivo. Nunca ha habido en Cuba nada parecido a esto. Sólo en ese sentido se puede hablar de representación.

LORETO: Hay un punto, que con su permiso quisiera decirlo. Hubo una manifestación el otro día de 200 personas, someramente. Cuatro años atrás hubiese habido 200,000 personas. No cerraba media cuadra. Y de esos 200, había 100 delante, apurando el paso. Y no decían nada, sólo: "Marchen, marchen, ¡Viva Fidel!, marchen, marchen, ¡Viva Fidel!" Todos marchando con los brazos caídos. Pasaron un mercado donde había ron, se fueron todos a buscar el ron y se olvidaron de la manifestación. Ese es el estado de opinión generalizado, lo que ustedes llaman la oposición silenciosa. No se manifiesta, pero se expresa.

PUJOL: Para usar un término deportivo, no sé si nosotros estamos ganando el juego, o si es que ellos lo están perdiendo.

KEAN: En los Estados Unidos hace dos años, cuando lo de Europa del Este, decíamos que ya habíamos ganado la guerra fría. Pero a la misma vez se puede decir que ellos la perdieron. ¿Qué papel creen que deben tener los cubanos en el exilio, antes de que haya algún cambio en el sistema, y también después?

LUQUE: Vamos a ser sinceros. Hace un año, en una entrevista, dije algo en inglés: *They will have a role, but they won't rule.* Creo que no está mal. Pero en realidad, estoy dudando ya. Cuando lo dije hace un año, lo creía. Ya no estoy tan seguro. Porque últimamente he estado analizando el hecho de que los políticos del exilio vienen de la última década del siglo veinte. Nosotros estamos en la década de los 60. Es un atraso de información enorme, y yo creo que eso va a ser influyente. Creo que van a tener un gran peso aquí.

Por supuesto, los que hemos estado aquí, no cabe duda que eso da prestigio. Se puede asumir que eso siempre traerá prestigio. Pero la diferencia es esa, y es muy grande. Hay muchas cosas que nosotros ignoramos, porque no tenemos manera de salir de esa ignorancia. Cuántas veces hemos tratado de elaborar un programa económico que incluya también las cosas financieras, por ejemplo, y no hay quien nos ayude. Buscamos un economista y, cuando lo encontramos, ese economista está también desinformado. Estamos verdaderamente bloqueados. Pero no por Estados Unidos, sino por Fidel Castro.

PUJOL: Yo estoy completamente de acuerdo con eso. Claro, la realidad es como si estuviéramos ahora levantando un edificio de diez plantas. Hay que comenzar con la planta baja. Ahora sería muy difícil que interviniera el exilio, por una sencilla razón: no están en el lugar donde están levantando el edificio. Ahí estamos nosotros. Por el momento no se trata de que nosotros estuvimos aquí durante 30 años, de que ellos se fueron. No se trata de eso. Se trata de una simple realidad física: estamos en el lugar de los hechos. Estamos con la parte de nuestra nación —llamémoslo así, al nivel de cubanos, porque todos somos cubanos— que da la casualidad que estamos aquí. La que está aquí, que está en el centro de esta vida diaria, pensamos que está a punto de explotar. Por ende, creo que recae en nosotros jugar el papel fundamental en esta etapa, precisamente porque estamos aquí.

Yo estoy completamente de acuerdo con Roberto. En materia de conocimientos técnicos, en materia de actualidad informativa, en cuanto a cómo funciona el mundo moderno, los planes financiero y económico, nosotros no tenemos esa información. Nos cuesta mucho trabajo tenerla. Esa la tienen nuestros hermanos de allá. Sin embargo, la etapa actual no es de reconstrucción de Cuba. Es de poner fin a esta vida negra, y crear las condiciones mínimas para poder hacerlo. Por ende, yo diría que en esta etapa, yo creo que el pueblo de Cuba tiene que jugar el papel protagónico.

De nuestros hermanos en el exilio, si yo pudiera pedir algo, sería dos cosas. La primera, una comprensión total de cuál es nuestra situación. Y en segundo lugar, un apoyo completo. Eso es todo lo que rogamos de nuestros hermanos en el exilio. Con esas dos cosas, yo creo que el cambio vendría mucho más rápidamente, y se produciría de una manera incruenta. Eso es en este momento. Después del cambio, ya empiezan a variar los factores. Y nuevamente el papel protagónico, no diría que pasa a los que hasta ahora han estado en el exilio, sino que empieza a ser compartido entre el pueblo cubano. Y el pueblo cubano entonces sería los que viven en la Sierra, en La Habana, en el exilio. Por ende, el pueblo cubano tendría el papel protagónico como un todo.

Algunos tienden a subrayar la cantidad de recursos que tiene el exilio. ¿Cuántos recursos tienen esos dos millones de gente? No sé si son los $19,000,000,000 que he oído decir en las emisoras; no se si será más o menos. Pero creo que el factor humano es fundamental. En el plano de conocimientos tecnológicos, de economía, de finanzas, eso será lo fundamental. Mientras más rápidamente podamos trasladar esos conocimientos a todos los ciudadanos cubanos, eso se revertiría en una recuperación más rápida.

LUQUE: Bueno, tú pediste algunas cosas del exilio, así que yo también voy a pedir algo. A los que tienen la suerte de no vivir bajo la bota de Fidel Castro, yo les pediría que rechazaran lo que se podría llamar el virus del fidelismo. Una de sus principales manifestaciones es la intolerancia. Si una persona piensa distinto de como pienso yo, y si yo tengo la razón, quiere decir que el otro está equivocado. Pero no quiere decir que es un traidor. Sencillamente se equivocó, como me puedo equivocar yo. Para mí, la intolerancia y el fidelismo son prácticamente la misma cosa.

KEAN: Tú estabas diciendo, Roberto, que los cubanos de aquí están en el año 1960, y los del exilio están en el 1991. Una objeción que he oído aquí, y también de parte de algunas personas en Miami, es que los cubanos del exilio no están al tanto de la situación actual aquí. Es decir, que en ese sentido, en el sentido de lo que es Cuba, ustedes están en la Cuba de 1991, y quizás ellos estén en la Cuba de 1960.

LUQUE: Sí, ahí se invertiría la situación.

PUJOL: Si los acontecimientos experimentan un viraje positivo, tal vez los contactos puedan tolerarse más. Hablando ya no solamente al nivel de la familia, que por mal o bien se han mantenido los contactos de familia con visitas de cubanos que van allá, y que vienen de allá hacia acá, digo, quizá podría haber contactos con los políticos profesionales, o aquellos políticos no profesionales que lo son, pero casi a la fuerza.

Tal vez nosotros pudiéramos ir allá y conversar, y ellos pudieran venir acá y conversar. Algo que parece tan difícil, tan imposible en este momento, podría ayudar a ganar el camino de la comprensión, de la cooperación, lo cual es importante. Es importante no vernos como dos campos separados. Y aunque haya diferencias, y las hay, no ver eso como algo que nos impide trabajar, algo que nos impide cooperar.

Yo estoy casi convencido de que la tarea de Cuba en la primera etapa de su reconstrucción va a ser un esfuerzo donde habrá espacio para todos los cubanos, para todas las tendencias, para todas las ideologías. Y mi sueño —ahora estoy mostrando que soy un político *amateur*, y no profesional— es de un gran gobierno de coalición, donde lo que le falte a este señor lo ponga otro señor. Y de ese modo podríamos salvar esa etapa, que va a ser sumamente difícil y, por supuesto, vital.

Yo creo que la causa de la democracia en Cuba está garantizada. Yo no soy absolutista, ni soy determinista. Sin embargo, aquí hay una cuestión elemental. El mundo va hacia formas democráticas de vida. Nosotros no podemos ser la excepción, y no vamos a serla. Llegaremos un poco más felices, un poco más estropeados, un poco menos estropeados, un poco más bañados en sangre o menos bañados en sangre. Pero vamos a llegar. O sea, que esa parte de la batalla podemos decir que la vamos a ganar. Se trata realmente de llegar en las mejores condiciones posibles. Un baño de sangre va a sumar, a todo el odio, a todos los rencores, a todos los problemas que hemos acumulado durante tantos años, una enorme dosis de nuevos odios y resentimientos. Y eso saldría posteriormente en la reconstrucción del país.

Un proceso civilizado de reconciliación nacional y de trabajo común en la democratización de Cuba facilitaría enormemente el proceso de reconstrucción. La mayor parte de los grupos de disidentes estamos trabajando en Cuba por el cambio pacífico. Y en este momento importa más ese objetivo político que las diferencias ideológicas que tengamos, y que tenemos. En este momento, esas diferencias ideológicas no nos importan, porque tenemos un objetivo político —y no solamente político; cívico, patriótico— de salvar el país e ir hacia un cambio en las mejores condiciones posibles. Apartemos por el momento las diferencias ideológicas. Habrá tiempo en el futuro para la ideología.

LORETO: Otro problema de comprensión es éste: se tiene que ver que el sector más importante del pueblo cubano es la juventud. Ya es más del 50%. En el exilio deben darse cuenta que nosotros, que tenemos de treinta años hacia abajo, no conocemos el significado de la palabra "democracia". Eso es la realidad, aquí nosotros no lo conocemos. Oímos hablar de la democracia, luchamos por la democratización de nuestro país, pero no sabemos qué cosa es. Nosotros nos criamos con esto, bajo la bota de Fidel Castro. Esa comprensión deben tenerla, tanto la juventud, como los políticos. Es muy importante que la tengan los políticos. Es muy necesaria para toda la población.

También la democracia, desde el año 1959 al actual, no parece lo mismo, ni en Estados Unidos, ni en Francia, ni en España, ni en ningún lugar. Ahora los que se recuerdan de la democracia, los mayores, están en la democracia del año 1959. "Democracia" (entre comillas), relativa.

LUQUE: Mejor decir que desde el 1952.

LORETO: Rectifico.

LUQUE: Cuarenta años de esto. Pero de ellos, 32 totalitarios.

KEAN: Sí, cuando leí tu libro vi que en esa época había amnistías, etc.

LUQUE: No hay comparación. Batista era detestable en todo sentido. Pero Fidel es peor.

KEAN: Mi organización tiene en mente hacer algún tipo de programa humanitario para traer medicinas de allá para acá, y que lo administren los grupos de derechos humanos. Esto añadiría un elemento de legitimidad, y también de publicidad interna. Por supuesto, se tendría que pedir permiso al gobierno. ¿Sería posible hacer tal cosa?

PUJOL: Yo creo que son ellos los que tienen que decidir eso. En primer lugar, ¿el embargo no prohibiría ese tipo de transacción?

KEAN: Ahora creo que hay otro *loophole*, como se dice, otro modo de conseguir permiso para hacer transacciones con Cuba, que es por razones humanitarias. Por eso creo que se entiende más que nada medicinas. Si el gobierno dice que sí, de lo más bien, y llegan las medicinas. Y si dicen que no, se publica en los Estados Unidos y en el extranjero que el gobierno se ha negado a aceptar asistencia humanitaria, y ya se ve lo que es este gobierno. Pero mejor que digan que sí, por supuesto, porque lo importante es que lleguen.

PUJOL: Sería mejor a través de una organización relacionada con la medicina: una asociación nacional, o un grupo médico; aunque creo que eso no existe. Pero como hay colaboración entre los grupos de derechos humanos y la Iglesia Católica, se pudiera crear un canal para esa tarea. Es una muy buena idea. En la propuesta de que ya hablé, del 15 de julio de este año, se solicitaba al gobierno de los Estados Unidos que excluyera del embargo el envío a Cuba de medicamentos o alimentos para niños por parte de organizaciones filantrópicas norteamericanas. Esto pudiera ser distribuido aquí en la isla por las organizaciones religiosas. Entonces esa preocupación ha existido y, si ustedes tienen eso entre manos, contarían con nuestro apoyo.

LUQUE: Es una buena idea utilizar así esa especie de aminoramiento del embargo, aunque sea mínimo, porque Fidel no podría manejar eso en provecho suyo.

PUJOL: También se tiene que ver que aquellos sectores de la población que estén más necesitados de ayuda médica, que sean los que, en realidad, los que recibieran los medicamentos.

LORETO: Yo creo que éste va ser el problema, mirándolo del punto de vista del gobierno. Con la escasez de medicina actual, nos viene bien cualquier tipo de ayuda. Toda la disidencia seguro que vamos a estar de acuerdo. Ahora, quien se va a oponer a esto es el gobierno. De eso tú puedes estar bien convencido. En una cosa tan importante para el Estado como la salud pública, darle eso a la disidencia sería lo mismo que dar conciencia a ese 80% de la población que ha sido silenciosa.

PUJOL: Sí. Una de las vitrinas de la revolución, un poco enmascarada y empañada, es la salud pública. Es muy difícil que Fidel Castro acepte una interferencia foránea, ajena; y en este caso los foráneos no serían ustedes, sino nosotros; una interferencia de elementos extraños en algo tan preciado para él como la salud pública.

LUQUE: Precisamente por eso yo creo que sería una buena idea. Por la posibilidad de que si lo acepta, perfecto. Pero si no, también pierde. Ahí no hay pérdida para nadie menos el régimen.

LORETO: Cualquiera de los dos resultados que se genere es una pérdida para Fidel Castro.

PUJOL: Y tal vez esa iniciativa de Freedom House pudiera ser copiada por otros en los Estados Unidos y en otras partes del mundo, porque el gobierno gusta de ocultar los problemas reales y muy serios que tiene el pueblo, pero aquí hablamos de medicamentos. Pudiéramos hablar de alimentos para niños, que pudiera ser otra área en que tal vez otra institución quiera cooperar. Ropa para niños, aunque tenemos un clima muy lindo, pero la ropa siempre es una necesidad. Zapatos, sobre todo. Si uno se pone a analizar la iniciativa de Freedom House, podría señalar una pauta a seguir muy interesante. Con mucho gusto yo estoy seguro que todos los grupos podríamos apoyarla.

KEAN: Entonces les doy las gracias a ustedes.

IV
Yndamiro Restano*

La Habana, 8 de octubre de 1991

Christopher Kean de Freedom House y Of Human Rights: Primero quisiera que nos digas algo sobre la fundación del movimiento, su programa, y como llegó a formar parte de la Concertación Democrática Cubana.

RESTANO: El Movimiento Armonía es un movimiento laico, democrático y popular. Tenemos varias tendencias internas en el movimiento, pero por supuesto todas son democráticas, y todas alrededor del centro. Incluye una corriente social-demócrata del centro también, prácticamente la más importante del movimiento, a la cual yo pertenezco. Las ideas centrales del movimiento parten, por supuesto, de tendencias greco-latinas; del pensamiento moderno de Locke, por ejemplo, que se insertaron en nuestra cultura nacional a través de los propios fundadores de la patria, como el Padre Félix Varela y nuestro apóstol José Martí; filósofos como Enrique José Varona, y muchos otros pensadores y fundadores de la nación cubana.

El Movimiento Armonía surgió el 20 de julio de 1990, así que hace un año y meses que se fundó. Lo fundamos en una vieja casona de la Víbora, tres personas solamente: un pastor protestante, un poeta y yo. En aquel momento hicimos un manifiesto que se llamó el Manifiesto de Armonía, o MAR. El movimiento desde ese momento crecía, y le llamamos Movimiento Armonía, y así siguió siendo MAR. Efectivamente, así pasó. Después de que nos fundamos crecimos como esperábamos. Sobre todo con nuestro mensaje que era un mensaje del centro, no de los extremos, hemos penetrado las estructuras del Estado totalitario. En el MAR hay incluso militantes del Partido Comunista, hay dirigentes de obreros. Ahora mismo se acaba de fundar un sindicato de obreros, los máximos dirigentes del cual son dirigentes de nuestro movimiento. Hay profesionales, campesinos, estudiantes, exmilitares, y la clase media del Estado cubano. Hemos logrado penetrar en esas estructuras, y eso es muy importante para nosotros.

---

*Secretario del **Movimiento Armonía (MAR)**.

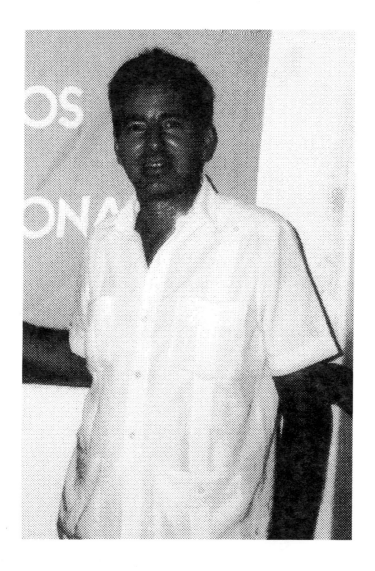

13. Yndamiro Restano, del Movimiento Armonía, durante la entrevista.

14. Yndamiro Restano acompañado por Rafael Gutiérrez Santos.

Entonces, a partir de ese crecimiento, intentamos organizar algunas actividades que nos permitieran elaborar cuál era la capacidad de movilización del movimiento. Comenzamos a movilizar pequeños grupos del movimiento. Primero lo hicimos en el Estadio Latinoamericano de pelota. Ahí citamos a 36 personas, y llegaron 30. Todos con algo azul, el color de nuestro movimiento, para diferenciar del rojo que es el color de los comunistas. Posteriormente, en junio de este año, citamos a una misa en la Iglesia de Santa Rita, aquí en Miramar, y citamos a 80 personas. Fueron 60, siempre con algo azul. El resultado fue que a la salida de la misa las bandas paramilitares del gobierno atacaron a cuatro personas del movimiento, y los hirieron. Entonces nosotros citamos a una nueva misa en la Iglesia de La Merced, y citamos a cien. Pero el gobierno detuvo, esa misma mañana del 30 de junio, a un segmento del movimiento, y apaleó y golpeó a varios miembros que, sin embargo, lograron llegar a la iglesia. Esas son las actividades que veníamos haciendo.

A partir de nuestra detención, el movimiento entró en una etapa de reestructuración y de reorganización. Nosotros habíamos llegado a la conclusión de que el gobierno era un gobierno completamente ilegal, ilegítimo; no legal en ningún aspecto: ni el gobierno en sí, ni sus representantes, ni la policía política. Y entonces en este momento, además del movimiento político hemos organizado un movimiento secreto, también del MAR. Incluso garantizamos que en caso de una detención de alguno o de una desaparición física, porque puede pasar cualquier cosa, rápidamente se sustituyan los líderes. Hay que tomar todas estas medidas, desgraciadamente.

Nosotros empezamos en este trabajo como activistas de derechos humanos, y después pasamos al terreno político, que es un paso más de avance. Cuando fundábamos el movimiento pensábamos, un poco ingenuamente, que ciertos líderes iban a cambiar el gobierno. Hoy sabemos que no. Muchas personas nos han dicho a nosotros que Fidel Castro estaba ganando tiempo, y nosotros respondimos que lo que está es perdiendo el tiempo. Porque en nuestra opinión el momento mejor para hacer un cambio democrático en Cuba, incluso monitoriado por el gobierno y con su participación, fue cuando vino a Cuba Mikhail Gorbachev. La sola presencia de Gorbachev indicaba que el sistema socialista totalitario no funcionaba, y que había que hacer reformas. Fidel Castro ha mostrado que le interesa más mantener su poder que el destino de la patria y el destino de nuestro pueblo.

Ahora, en nuestra opinión, él se ha agotado. Ha perdido el tiempo, y ya incluso el pueblo lo está empezando a odiar, y está pasando nuestro pueblo del descontento a la rebeldía, paulatinamente. Hay un proceso, en lo económico, de tránsito de la escasez, un consenso, que siempre ha habido, a la miseria a la fuerza, que es la que ahora está sobreviniendo paulatinamente. En lo político, estamos pasando del socialismo totalitario a una combinación de neocapitalismo —con inversionistas extranjeros— con dictadura política.

Usted sabe que el ritmo de los acontecimientos ahora es muy rápido, y que ahora pasa en meses lo que antes pasaba en una década. Hemos visto que el gobierno no respeta las leyes, no escucha a nadie, se burla de todo el mundo. Entonces un gobierno de ese tipo exige a la oposición que se organice, y que tome determinadas medidas para sobrevivir a lo que suceda posteriormente.

KEAN: ¿Qué cree usted que va a salir del IV Congreso?

RESTANO: Lo primero es que este congreso es de los comunistas y para los comunistas. Hay que partir de esa tesis: un congreso que me imagino que sobre todo la elite son comunistas. Porque se tiene uno que dar cuenta que Fidel Castro está gobernando ahora contra la voluntad de los comunistas. Hay una elite, y un ejército personal a su servicio, porque nosotros conocemos muchos militantes del partido —muchos pertenecen al MAR— que quieren reformas. Y constantemente nos dicen a nosotros: "¿Qué hacemos, nos vamos del partido ya, o seguimos allí?" Nosotros necesitamos también informaciones dc los grupos del partido, así que muchas veces les decimos que no renuncien el partido, que sigan ahí. Entonces, partiendo de esa base, que es un congreso de esa elite y para ella, yo me imagino que ellos tratarán de hacer algunas reformas "analgésicas" para tratar de continuar en el poder con el mínimo posible de pérdida de ese poder. Y como usted sabe es un poder completo, absoluto y totalitario. Aquí se llevan preso a un anciano por vender maní en la esquina. Y Castro dice que es porque se va a hacer millonario, se va a hacer rico. Cosa que es pérfida, ya que la propiedad, la venta libre, la liberación de la iniciativa individual son la libertad, lo que ellos no quieren.

Esa es mi opinión. Ese congreso no va a aportar nada, en primer lugar porque las únicas soluciones que hay aquí son el cambio del sistema, y el cambio del liderazgo. Si eso no ocurre, será sencillamente porque Fidel Castro no es un hombre demócrata. Si Fidel Castro fuera un demócrata no habría ningún problema. También parte de la base de una visión centralizada de la realidad, quizás a lo mejor por su educación jesuita. Él tiene una educación jesuita, y usted sabe que los jesuitas tienen esa visión de obediencia general. Ignacio de Loyola decía —y se han reformado y normalizado— que un buen cristiano debe ser un cuerpo muerto en manos de sus superiores. Y es a eso a lo que aspira Castro.

Claro, esto es imposible, ni de pensarlo. Esto se ha logrado en Cuba durante 30 años con un subsidio de la Unión Soviética, de su alianza militar. Una vez que los soviéticos tengan un problema económico, y la alianza militar se rompa, se desestabilice absolutamente, lo de aquí no tiene solución, ni nacional, ni internacional. El régimen es ineficaz económicamente, represivo políticamente, y no funciona. No tiene futuro. El régimen podía sobrevivir gracias exclusivamente al subsidio de la Unión Soviética. Si ese subsidio se acaba, el régimen se desestabiliza y se derrumba. Y eso es lo que está pasando ahora, gracias sobre todo a la revolución de agosto, que ya sí es una verdadera revolución democrática en la Unión Soviética. Porque Gorbachev empezó con la *perestroika*, el *glasnost*, pero con la revolución de agosto ¡Sí! Ya las fuerzas democráticas han tomado el poder en la Unión Soviética, y ahora la proyección de la Unión Soviética hacia Cuba ha cambiado completamente. La Unión Soviética no puede seguir aliada a un país totalitario, que ignora los derechos humanos, antidemocrático, y además ineficaz.

El gobierno sueco tomó una medida que creo que es muy importante. Los suecos le dan un porcentaje del producto nacional bruto al tercer mundo, lo que creo que es una cosa buena, ayudar a los países del tercer mundo. Pero ahora el nuevo gobierno ha dicho que sí, pero que lo van a mandar a los países que tengan una economía de mercado y una democracia. Porque tampoco se puede echar el dinero en un agujero sin fondo, porque ¿hasta dónde va llegar? ¿Cuánto le dieron los Estados Unidos a Europa para el Plan Marshall? Unos cuantos millones. Esa misma cantidad multiplicada por cien se la han dado a América Latina y al tercer mundo, y seguimos estancados.

El problema son las estructuras económicas, y las estructuras políticas. Ahora mucha gente en Cuba está confundida por el mensaje del gobierno, y piensa que en América Latina hay capitalismo. En América Latina hay estructuras feudales. Dominan cuatro o cinco familias la economía, y esa es la realidad. Y hay muchas economías estatizadas, muy al revés de la desinformación que da aquí el gobierno al pueblo. Porque el capitalismo se ha transformado. Ya no es el capitalismo del siglo XIX que vio Marx. Ya es un capitalismo humanizado, que tiene justicia social. Eso se ve en toda Europa occidental, y en muchas instituciones norteamericanas filantrópicas que existen.

En nuestra opinión el Cuarto Congreso del Partido no va a resolver nada, porque para resolver los problemas de Cuba lo primero que hay que hacer es acabar con el modelo del partido/estado, hacer una democracia pluralista, liberar la iniciativa individual, darle el derecho de la gente a la propiedad, empezar a cambiar los mecanismos económicos. Nada de eso lo va a hacer el Cuarto Congreso, porque tendría que cambiar la fórmula esencial del Partido Comunista. Tendría que cambiarse el nombre, y en vez de ser el partido comunista sería otro partido, con un programa distinto. Yo creo que eso no va a salir de ahí.

Y como no va a salir de ahí, no se va a resolver nada. Y como no se va a resolver nada, pues entonces —y entre la disidencia hay un consenso sobre esto— habrá un final dramático. Que no es el que nosotros precisamente queremos. Hemos trabajado, hemos hablado desde el año 1987, primero como activistas de derechos humanos y ahora como políticos, diciendo: "Cambien, cambien, esto tiene que ser así porque es inexorable."

Y no cambian. Entonces, podrá venir una rebelión popular seguida de una rebelión militar. O vice versa, podrá venir una rebelión militar seguida por una rebelión popular. Un final más romántico, pero una carga de violencia que no hacía falta. Pero bueno, ellos lo han querido así. Así que del Cuarto Congreso, repito, no esperamos nada.

KEAN: Esa era otra pregunta que quería hacerle, si usted piensa que el ejército tendría algún papel en los cambios, por lo menos en la primera etapa.

RESTANO: Sí, seguro. Nosotros quisiéramos que los cambios vinieran por vía civil, porque ya sabemos lo que es la violencia, y ya sabemos lo que es la mentalidad militar castrense. Es la antítesis del civilismo, de la vía civil. Pero nosotros también sabemos, como miembros de organismos de derechos humanos y políticos, que hay descontento entre los estudiantes, los campesinos, los obreros; y también hay descontento en las fuerzas armadas. Nosotros en el MAR tenemos muchos ex oficiales de las fuerzas armadas y del Ministerio del Interior, y ellos tienen opiniones. Pertenecen al MAR, y son reformistas, y quieren el cambio en Cuba, y conocen personajes que son activos.

No tenemos informaciones concretas, porque nosotros somos un movimiento civil, y no aceptamos incluso entre nuestros miembros personas que pertenezcan a cuerpos armados. Pero es lógico que exista descontento, porque además de eso hay que pensar dos cosas: primeramente, el fracaso económico ha desmoralizado al aparato represivo del régimen; y en segundo lugar, los soldados, los oficiales, los subalternos, los de medianos niveles pasan por las mismas vicisitudes que pasa el pueblo.

Además hay una cuestión muy interesante. Dentro incluso de la elite militar, es decir los generales, para tener más de lo que tienen, tienen que cambiar el régimen. Ya el régimen les dio todo lo que tenía que dar. Si quieren más, tienen que cambiar el régimen. Pero hay una cuestión también muy importante, que es que están teniendo menos de lo que tenían. Ahora, en el período especial, la opción cero, todo esto les cuesta también a ellos. Y es ahí donde está el poder de Fidel Castro, en los generales de la Sierra Maestra. Son incondicionales a Castro porque se han realizado con él. Los generales de las fuerzas armadas eran guajiros, campesinos. Ahora son señores respetables, han participado en guerras internacionales, y todo eso se lo deben a Castro.

Además de eso hay un problema de desconfianza en Castro como líder, porque Castro los ha ido sacando por muchas cosas, por muchos problemas, porque tenía una varita mágica. Claro, detrás de Castro estaba el KGB y el poder soviético totalitario, y ellos confiaban en Castro por eso. Ahora es posible que esa confianza se acabe, en primer lugar porque la primera tesis de Castro ha fracasado, que era el golpe de Estado en la Unión Soviética. Entonces sufrieron un desconcierto porque fracasó su tesis por primera vez. Ya no tiene carta que sacar, porque lo que estaba esperando que era la salvación, fracasó. Y ahora lo observan, y eso crea problemas de desconfianza. Además la retirada de las tropas soviéticas desmoraliza al ejército. También el ejército nuestro —nosotros somos una república del tercer mundo, pequeña, sin recursos naturales— prácticamente todo el apoyo venía de allá, las botas, las medias y los calzoncillos que se ponen los soldados. Así que ellos mismos temen que dentro de las propias fuerzas armadas haya desconcierto sobre eso.

Tiene que haber opiniones, porque una cosa es evidente: el fracaso es integral. No es que hay un fracaso de transporte, y funciona la agricultura, o fracaso de la agricultura y funciona la industria. Es que todo es ineficiente. Económicamente no funciona nada. La guagua es muy mala, los niveles de alimentación de la población son reducidos. Estamos pasando de la escasez a la miseria, aunque todavía nadie está pasando hambre. Incluso, en las cosas en que ha tenido cierto éxito el régimen, como la salud pública y la educación, ya se están viendo deficiencias. Entonces yo tengo confianza que entre los cuerpos comunistas y entre los cuerpos militares haya personas que sean racionales, que sean dignas, y que no permitan que Fidel Castro lleve este país al genocidio. Porque si se dice "socialismo o muerte", es una posición criminal. Si los católicos dicen "catolicismo o muerte", y si los protestantes dicen "protestantismo o muerte", y si los santeros dicen "santería o muerte", y si los liberales dicen "liberalismo o muerte", esto sería una carnicería. Es demasiado primitivo.

Yo pienso que vale más un pueblo que un hombre. Gracias a Dios esto se va a resolver, aunque no sea de una manera muy suave, pero se va a resolver. Siempre la necesidad histórica busca la forma de resolverse de alguna manera, y aquí va a pasar igual. Yo declaro que yo lo hiciera de otra manera.

KEAN: ¿Cuál cree usted que debe ser el papel de los cubanos en el exilio, ahora y cuando haya un cambio?

RESTANO: En primer lugar nosotros pensamos que el papel que debe jugar el exilio ahora y en el futuro es muy importante para Cuba. En el exilio existen dos segmentos fundamentales. Primero, salieron de Cuba los que pudiéramos llamar el exilio tradicional, personas que habían construido nuestra república. A pesar de que Castro intenta siempre denigrar al máximo, negar al máximo ese segmento de nuestra historia, por supuesto el Movimiento Armonía no está de acuerdo con eso. Nuestra república anterior al 1959 tenía muchos defectos, pero tenía muchas cosas buenas, y era nuestra república. Era Cuba. Esas personas que se fueron a partir del triunfo de la revolución se llevaron esa Cuba anterior al 1959, democrática, con sus defectos, repito, pero democrática. Después ha habido un exilio que lo podemos denominar el posrevolucionario, un exilio revolucionario democrático.

Todo esto constituye un cosmos democrático que vive en el exterior de Cuba, fundamentalmente en Miami, y en otras partes como Caracas. Nosotros pensamos que no se puede llegar a la democracia sin los demócratas. No se puede establecer relaciones económicas capitalistas sin los capitalistas. Por eso nosotros pensamos que el papel del exilio es muy importante.

Ahora bien. En esta etapa actual, que es una etapa de enfrentamiento al régimen totalitario para lograr el cambio democrático, el papel del exilio en nuestra opinión debe ser un papel de caja de resonancia. Deben constituirse en exégetas de la lucha por la democracia que hagamos nosotros en el interior del país. Deben tratar de convencer, tanto al gobierno de los Estados Unidos como a todas las demás fuerzas democráticas del mundo, que el centro de gravedad de la lucha está dentro de la isla. No porque seamos mejores que nuestros compatriotas en el exilio, sino por un problema geográfico: estamos aquí adentro. Nuestros compatriotas que viven fuera de Cuba no tienen esa posibilidad práctica de realizar los trabajos que nosotros realizamos dentro.

Incluso, en este momento también, yo pienso que a partir de la unidad necesaria que tiene que haber en el exilio, pueden ayudarnos con apoyo económico. El apoyo moral y las denuncias son muy importantes, todos los abusos, los documentos que vienen de nosotros, a través, sobre todo, de las emisoras de radio. Realmente son los únicos canales de que nosotros disponemos, Cuba Independiente y Democrática, Radio Camilo Cienfuegos, Radio Martí, un servicio de información del gobierno norteamericano, la Voz de la Fundación y otras. Pero además de esos trabajos, pueden incluso apoyarnos con ayuda económica, porque aquí nosotros no tenemos recursos. Tenemos muy pocas posibilidades y mucho que hacer. Hay que hacer viajes al interior. Aquí hay gente que les botan del trabajo y hay que darles aunque sea 40 ó 50 pesos al mes para que no se mueran de hambre, porque la vida del disidente aquí es muy difícil. Y todo este trabajo lo pueden realizar nuestros compatriotas del exilio. Apoyo moral y apoyo económico.

Después de la apertura democrática, del triunfo de un régimen democrático en nuestro país, el papel del exilio va ser también muy importante. Nosotros tenemos una ventaja sobre los países de Europa del Este y la Unión Soviética. Nosotros tenemos compatriotas capitalistas en Miami, que no tienen que aprender a ser capitalistas, ya lo son. Y por supuesto, algunos van a invertir en Cuba, para crear riqueza aquí para nuestro pueblo. Así que tanto ahora como después yo creo que van a ser muy importantes. Además, las organizaciones políticas del exilio, como es lógico, pueden contribuir en el período después de la apertura, con sus mensajes democráticos y su participación en el logro de una Cuba desarrollada, solidaria y democrática.

KEAN: ¿MAR tiene alguna posición acerca del embargo de los Estados Unidos, que sería mejor fortalecerlo, disminuirlo o quedar en lo mismo?

RESTANO: La opinión del MAR es que, en cuanto al embargo y el diferendo que existe entre Cuba y Estados Unidos, la culpa la tiene Fidel Castro y el gobierno de Fidel Castro. Nosotros no somos un gobierno, no tenemos culpa ninguna. Fidel Castro se mostró incapaz en estos 32 años de resolver el diferendo. Porque el problema de nosotros es resolver el diferendo. Nosotros tenemos que tener, necesariamente, relaciones con los Estados Unidos, económicas, culturales, diplomáticas, políticas, de todo tipo. Porque somos vecinos. Estamos a 140 kilómetros. Mientras a Cuba no la saquen de aquí y la pongan en otro lugar, el objetivo realista es tener relaciones con los norteamericanos. Los americanos venían acá a tomar sus vacaciones históricamente. Y sembraron dentro de nuestra cultura, además de las tradiciones africanas e hispanas, algunas tradiciones del modo de vida norteamericano que le gusta al pueblo. Muchas veces hemos visto aquí prejuicios con respeto a los Estados Unidos por parte de algunas elites intelectuales. Pero sin embargo, el pueblo anda por ahí con esos pulóveres que dicen: *I Love New York*. Les gusta el pragmatismo de la vida norteamericana.

Castro y su gobierno no han logrado resolver el diferendo durante 32 años. Han sido incapaces, como han sido incapaces de lograr que la base naval de Guantánamo salga. La única culpa la tiene el gobierno. ¿Qué pienso yo? Que cuando llegue un gobierno legal, un gobierno democrático, seguramente el diferendo se va acabar. Se podrían incluso empezar conversaciones acerca de la base naval, que existe por tratado, legalmente. Tiene una fecha de vencimiento como se ha hecho en otros países.

Yo creo que el obstáculo fundamental del embargo, del diferendo entre Cuba y Estados Unidos es la ilegalidad del régimen, por las intervenciones del régimen en América Latina, y la falta de democracia. Lo que está exigiendo Estados Unidos de Cuba ¿qué cosa es? Que haya respeto por los derechos humanos, que haya elecciones libres, que haya democracia, cosas que nos convienen a nosotros. Además nosotros no lo queremos porque el exilio está en Estados Unidos; nosotros lo queremos para nosotros, para vivir como seres humanos, y para nuestro pueblo. Castro, claro, ha convertido el enemigo norteamericano en un subterfugio para combatir el aburrimiento. Ya sabe que los peores enemigos de la dictadura son el aburrimiento y la ambición. El aburrimiento lo combaten con el imperio. Y la ambición con la represión, y poniendo presa, a cada rato, a la gente que empieza a hacer dinero. Entonces creemos que del problema del embargo tiene la culpa el gobierno cubano, que en 32 años no ha podido resolverlo.

KEAN: Las organizaciones internacionales humanitarias, religiosas, políticas y cívicas ¿pueden ayudar a la oposición en Cuba, y de qué manera?

RESTANO: Mucho, mucho, mucho nos pueden ayudar las organizaciones de derechos humanos, las organizaciones democráticas, los partidos demócratas de todo el mundo. Lo único que nos ha salvado a nosotros son los ojos del mundo occidental puestos sobre nosotros. Si no, ya nos hubieran desaparecido. A la conferencia de la Concertación Democrática Cubana para anunciar nuestra propuesta a los comunistas para resolver los problemas de Cuba, vinieron 40 periodistas, y representantes de los cuerpos diplomáticos, de Estados Unidos, de Suecia, y eso para nosotros es muy importante, las visitas constantes, la atención constante del mundo sobre los disidentes, sobre lo que está pasando. Y ni hablar de las organizaciones del exilio cubano, porque su trabajo y sus ahorros se los dan a la causa de Cuba. En este caso es un apoyo moral constante al pueblo.

Incluso yo creo que sería bueno que los representantes diplomáticos de las democracias que están en Cuba nos traten a nosotros de una manera oficial. Ya es una minoría bastante grande para ser una minoría. Ya no somos "grupúsculos" de 15, ni de 20, ni de 40. Ahora somos miles. Y somos más, porque hay mucha gente que tenemos que mantener oculta para que no los descubran. Nosotros tenemos una base social grande, y lo podemos demostrar en cualquier momento, porque existe. Por eso creo que es importante que los representantes de los países democráticos en Cuba nos traten de una manera oficial. Tenemos que pasar ya de este trabajo de la prensa, que ha sido muy interesante, y que tiene que seguir porque es muy importante para nuestro trabajo, a un tratamiento ya oficial de parte de los gobiernos y de los partidos y movimientos democráticos del mundo entero.

KEAN: ¿Usted ha notado que en este último año ha surgido mucho el interés de los periodistas internacionales, de las organizaciones internacionales, acerca de los grupos opositores en Cuba?

RESTANO: Sí, el interés ha ido *in crescendo*. La cosa es que el problema de Cuba no ha sido muchas veces en este año centro en el mundo. Porque ha habido muchos problemas, como la guerra del Golfo, los problemas de la propia Unión Soviética, la revolución de agosto. Todo esto ha hecho que el centro de atención estuviera en otro lugar. Pero ahora, ya el centro de atención se ha enfocado mucho más sobre el problema cubano. Y más en esta última etapa. Ya ayer vinieron 40 periodistas.

Pero ya hay una oposición organizada. Eso nos ha hecho mucho bien, la unidad. La unidad nos hace mucho bien en primer lugar porque eso nos permite trabajar con mucha más fuerza. Y en segundo lugar porque da la imagen positiva al mundo, que nosotros sobreponemos el ideal de Cuba a cualquier protagonismo personal, o cualquier organización estrecha. Entonces nos ayuda la unidad, y es por eso que este primer paso de la Concertación Democrática Cubana es muy importante y se debe apoyar. Además, tenemos prueba ya de que el pueblo está recibiendo muy bien la formación de esta Concertación.

KEAN: El MAR ya usted me ha dicho que se fundó como una organización pro derechos humanos, pero que ahora tiene un aspecto político.

RESTANO: No exactamente. Yo comencé como activista de derechos humanos en la Comisión de Elizardo Sánchez, a la cual pertenezco. Y después decidí fundar un grupo de opinión política, que es el MAR desde el comienzo.

KEAN: ¿Qué papel jugará el MAR como organización política después de algún cambio? ¿Se convertirá en un partido político, o seguirá siendo un foro de opinión?

RESTANO: La aspiración, el sueño nuestro es que el MAR se convierta, una vez que haya aquí un espacio político mucho más amplio, en un partido demócrata cubano. Similarmente, el Partido Demócrata en los Estados Unidos, aunque tiene varias tendencias, es un partido. Y ese es nuestro objectivo, tratar de no sólo instalar en Cuba la democracia política y la democracia económica, sino empezar a difundir la tradición democrática en todo el país, para que nuestro pueblo y nosotros mismos cada día vayamos aprendiendo la democracia. La democracia no es un libro. Es una manera de vivir. Y en Cuba desgraciadamente las pocas tradiciones democráticas que había las hemos perdido en estos 32 años. Y esa es nuestra mayor ambición, que nuestro pueblo llegue a alcanzar la conciencia democrática. Eso es de lo más importante para poder coexistir con las necesarias diferencias de pensamiento que hay entre los hombres. A usted le gusta algo, a mi me gustan otras cosas, pero tenemos que convivir en este mundo porque es el único que existe. A partir de ahí tenemos que respetarnos, tenemos que escucharnos, tenemos que convivir. Por eso esa es nuestra misión humanitaria.

Eso es en el interior de Cuba. Con respecto al exilio, voy a aprovechar la entrevista para enviar un mensaje a nuestros compatriotas que viven fuera de Cuba. Quiero decir que todos son nuestros hermanos. Todos estamos ligados por una cosa esencial, que todos somos cubanos. La alegría fundamental que pudieran recibir los demócratas dentro de la isla, sería que los demócratas de fuera de Cuba se unieran. Porque hay dos temas comunes: que todos somos cubanos, y todos somos demócratas.

Puede uno ser un demócrata un poco más al centro, un poco más al centro-derecha, un poco más al centro-izquierda. No importa. Eso no nos interesa. Además nosotros en el Movimiento Armonía pensamos que el centro no tiene que ser un centro en el medio. A veces el centro está a la derecha, por circunstancias históricas. Y a veces el centro está en el centro, y a veces en el centro-izquierda. Lo que no puede estar ni en la extrema derecha ni en la extrema izquierda, porque eso no es el centro. Pero el centro puede moverse por todo el espectro político de acuerdo con las circunstancias históricas de cada momento. Lo que no puede haber es un esquema fijo, porque entonces lo que eso traería son pequeños focos de intolerancia.

Lo principal es que todo el exilio en este momento se una a base de esos dos puntos: que todos somos cubanos, y que todos somos demócratas. Por encima de todos los intereses personales, de todos los protagonismos, hay que lograr esa unidad. Eso sería una fuerza tremenda, y añadiría un enfoque tremendo a nuestra lucha, sería una especie de empujón tremendo. Hay que partir de una mentalidad democrática. Porque en definitiva la división es entre los totalitarios y los demócratas. Eso es lo que hay, es la división fundamental y esencial donde no es posible entendimiento. Pero demócratas de diferentes matices no tienen por qué tener divisiones. Entonces nosotros aprovechamos esta entrevista para mandarles el mensaje a nuestros compatriotas en el exilio, que se unan todos.

Yo quiero aprovechar la entrevista también para explicar algo. Los que son prácticamente los dueños de Miami son cubano-americanos de entre 40 y 50 años. Son los dueños de los bancos, han hecho inversiones, han creado una riqueza en Miami. Además son capitalistas puros. Muchos no tienen intereses políticos. Eso sería una inyección, una fuerza tremenda para el futuro nuestro. Por eso nosotros decimos que a pesar de toda esta carga que hemos pasado estos 32 años, y todo lo que pasó también antes de 1959, todo esto se va a realizar ahora en un despegue, como dicen los cubanos.

¿Por qué ha sido el éxito de Miami? Porque se ha conjugado ahí el ímpetu del latino, la velocidad de pensamiento que tiene el latino, y la racionalidad y la reflexión del norteño. Si quiere saber cuál es el cubano perfecto, pues es el que mezcla la pasión, el ímpetu, el entusiasmo y la velocidad de pensamiento, esa inteligencia que tiene el cubano, con la racionalidad y el equilibrio del norte.

Por eso habrá un despegue. Porque no hacemos nada con seguir negando nuestro pasado. Los comunistas querían hacer un paréntesis de 58 años de la república, diciendo que aquello no existió, que aquello no servía. Ya ahora hay personas que quieren hacer un paréntesis de los años del período comunista, y eso no se puede hacer tampoco. Cuba es toda, con sus problemas, sus revoluciones, sus períodos prerevolucionarios y posrevolucionarios. Ese es nuestro ser nacional, con nuestro exilio, con todo. Entonces, lo que hay que hacer es construir el ser nacional a partir del ser anterior, no negándolo. Porque hemos estado en eso desde el principio: negando nuestros antepasados. Muchas veces negamos nuestros abuelos españoles, diciendo que eran malos, vinieron aquí, mataron a los indios. Pero eran nuestros abuelos, con todos sus defectos y con sus virtudes también. Tenemos el caso de los Incas, de los Aztecas, que tenían grandes civilizaciones aborígenes. Vinieron nuestros abuelos, que no eran los mejores, e hicieron lo que hacía todo el mundo en aquella época: mataron a casi todo el mundo, diseminaron enfermedades, explotaron a todo el mundo, y entonces se quedaron en Cuba. Nosotros no, nuestros antepasados.

Después trajeron a nuestros abuelos africanos. Y entre nuestros abuelos africanos y nuestros abuelos españoles, se creó este país. Esa es una verdad. Hay muchas veces que creamos mitos, como el mito de los abuelos indios. Aquí casi no quedaron indios. Tú y yo, ¿qué tenemos que ver con el indio? Nosotros somos europeos. Entonces todos esos mitos hay que despejarlos e ir con realismo ya a la formación de una Cuba nueva, democrática y económicamente desarrollada.

KEAN: Muchas gracias.

15. Fernando Velázquez Medina, de Criterio Alternativo, durante la
    entrevista.

16. Fernando Velázquez Medina con Reinaldo Betancourt.

V
Fernando Velázquez Medina[*]

La Habana, 5 de octubre de 1991

Christopher Kean, de Freedom House y of Human Rights: ¿Qué esperan Criterio Alternativo, y usted personalmente, del IV Congreso que empieza el jueves?

VELÁZQUEZ: No va a pasar nada. Se va a intentar maquillar al gobierno. Ya se ha dicho claramente que el socialismo no va a dar marcha atrás, que Fidel no se va, que tiene que seguir ahí. Y de esa manera no va ocurrir absolutamente nada. Quizá, dicen, habrá alguna liberalización económica, como un mercado libre campesino, pero controlado por las cooperativas igualmente. Pero eso significa que no se va a hacer; si el gobierno pone los precios, ese mismo excedente que tengan los campesinos lo van a tener que vender de todas formas por el mercado negro. Porque en el mercado negro lo pueden vender seis, siete veces más caro. Entonces no van a tomarse el trabajo de llevar esas cosas al pueblo si el Estado les dice que tienen que venderlo a tres pesos por la libra. ¿Por qué trabajar seis meses para vender a tres pesos, cuando lo pueden vender a treinta? La gente no va a hacerlo. Controlar el mercado no se puede, ya no se puede. La gente ya coge lo que les dan en la tienda y lo venden. Va a ser un fracaso, si se hace de esa manera.

Si no hay un intermediario que trabaje con el Estado cubano va a ser un fracaso. Si no hay un intermediario que tenga su propio interés en ir a buscar a lo último de la Sierra Maestra lo que sea necesario en la ciudad de La Habana y en otras ciudades, tampoco va a funcionar.

No hay un plan económico que Fidel haya hecho que haya funcionado. Así que ahora, a los 33 años ¿cómo le va a funcionar uno? Pero eso es lo que él piensa, él piensa en gastar el tiempo. No se sabe qué es lo que él espera en realidad de todas estas medidas, que son "baños tibios". Si Cuba fuera un enfermo, él hablaría de terapia, cuando lo que se necesita es una operación.

No espero más nada, precisamente porque han sido escogidos, y, porque en el partido no hay contradicciones, se escogió precisamente a la gente que no

---

[*]Miembro del ejecutivo de **Criterio Alternativo**.

plantea contradicciones, la gente de menos ideas, la gente con una trayectoria mucho más leal. Los fidelistas, no los comunistas.

KEAN: Mi organización tiene en mente un proyecto. Existe la posibilidad ahora de una misión humanitaria para distribuir medicinas aquí en Cuba, de parte de compañías de los Estados Unidos. Queremos que los grupos disidentes sean la gente que distribuya eso. El gobierno cubano tendría que permitirlo, por supuesto. Si dicen que sí, bien. Si dicen que no, el gobierno pierde a los ojos de la comunidad internacional.

VELÁZQUEZ: Eso es necesario, porque faltan las medicinas. Ahora, en mi opinión, creo que el gobierno se va a negar. Va a creer que es una forma precisamente de darle prestigio a la oposición, y Fidel no va a permitir eso. Yo creo que una organización con la que él se desprestigia más, si se intenta darle control de esto y él se niega, es la Iglesia. Él no quiere tampoco que la Iglesia tenga esa preponderancia, pero es una organización que se dedica a los problemas humanitarios, y a la caridad. Si se le diera a la Iglesia, ya el Estado se encontraría contra la pared, porque la Iglesia tiene esa misión humanitaria. Si se trata de ropa, medicinas, y lo que sea, no hay cómo puedan oponerse.

Ahora, si se le da a la oposición va a decir que no, que eso es darle prestigio a la oposición, para que se busquen masa y pueblo con eso. Si yo fuera el gobierno diría que no. ¿Cómo voy a darle eso a la oposición mía? Se va a armar un escándalo internacional y entonces no se les va a poder dar nada al pueblo de Cuba, que está en realidad muy necesitado de medicinas. Si lo importante es que lleguen las medicinas, es mejor dárselo a la Iglesia que dárselo a la oposición, porque si se lo dan a la oposición nunca va a llegar.

KEAN: Pero la oposición apoyaría a tal programa.

VELÁZQUEZ: La oposición lo apoyaría perfectamente. Pero que se lo den a la Iglesia. Cuando la Declaración de los Intelectuales, una de las demandas al gobierno fue que pidieran ayuda a los gobiernos extranjeros para que traigan medicinas, porque no hay. Yo hablé con un hombre que no tiene nada que ver con nada, no pertenece a ninguna organización, que me estaba diciendo que su hijo era asmático, y que no le habían dado medicina en no sé cuanto tiempo. Y estaba bravísimo. "¡Este hombre no se va a ir!" decía, y eso no tiene nada que ver con la política. Ese hombre es manso. Está contento con su ron, con su trabajo y con casarse con una mujer de vez en cuando, y estaba diciendo estas cosas. Yo pensaba que si lo oye la policía, lo meten en la cárcel y no lo van a soltar. ¿Te das cuenta? El disidente soy yo, y mira cómo habla ese hombre.

Entonces eso está afectando mucho a la población. Por supuesto, aquí no se le puede dar nada para que lo distribuya al gobierno. Al gobierno no se le puede dar porque desaparece. A nosotros no deben dárnoslo, porque nosotros no queremos que hagan juegos políticos con eso. Pero a ellos tampoco. Que se lo den a la Iglesia, y no sólo la católica. Que se lo den a otras más, que tengan determinada solvencia, que sean serias.

KEAN: ¿Como a los Testigos de Jehová?

VELÁZQUEZ: A los Testigos no, porque los Testigos son una de las organizaciones que más fuertemente ha enfrentado al gobierno. Están prácticamente prohibidos. Se pueden reunir, pero los tratan muy mal por ser pacíficos, por no ponerse el uniforme, por no usar armas. Y eso lo ven como traición a la patria. También los acusaron de ser agentes de la CIA. Simplemente porque no querían usar armas, son agentes de la CIA.

También tenemos otro problema con las medicinas. Muchas medicinas son malas, porque están tratando de exportarlas y cortan la medicina. Ya esa es una cosa distinta. Pero lo mejor sería la Iglesia, porque no le daría ninguna alternativa, ninguna solución al gobierno. Sería un nuevo problema político. Entonces a las iglesias, de acuerdo con su preponderancia. La más fuerte en Cuba es la católica, pero todos los demás en grupo tienen más que la católica. Tienen de 250,000 a 300,000 miembros permanentes, y quizás cuenten con un millón con todo. Y como algunos cubanos ven a la Virgen y a los santos como representaciones de los dioses africanos, entonces cuentan con más. A partir de esa ambivalencia entre la Iglesia y las creencias africanas, tienen un número mucho mayor. Las otras iglesias no.

KEAN: ¿Cuál creen ustedes que debe ser el papel del exilio cubano, ahora mismo y también después de algún cambio?

VELÁZQUEZ: El papel del exilio cubano debe ser el de apoyar, cada uno a su gusto, a los grupos que hay aquí, que también los hay para todos los gustos. El Criterio Alternativo es liberal, y estamos en gran sintonía intelectual con la Plataforma Democrática Cubana de Carlos Alberto Montaner. Hay grupos demócrata-cristianos, como el de Oswaldo Payá. Hay grupos social-democráticos como el Movimiento Armonía. Y hay otros que están un poco indefinidos políticamente, pero que están muy determinados en cuestiones religiosas. Otros están un poco más a la derecha, o más a la izquierda. La gente de la Coalición, por ejemplo, que tienen sus amistades dentro de los Estados Unidos, como la Fundación, son los más conservadores.

No deben tratar de dominar a los grupos de aquí, y darles órdenes, porque es que de afuera se pueden hacer muchas cosas, pero lo que no se puede hacer es luchar contra la policía de Fidel Castro, porque la policía de Fidel Castro está aquí mismo. No está en Miami, ni en Venezuela, sino aquí mismo. Si hacen eso de tal manera, es el mismo vicio de Fidel, que decía que las batallas en Angola no las ganaba Ochoa, las ganaba él, que desde aquí dirigía los combates.

Es lo mismo cuando el exilio trata de llamar manifestaciones aquí. Eso se hace muy fácilmente si no te pueden meter preso, si no te pueden matar. Si hay algún problema, tú eres el responsable, pero tú estás andando en un carro con aire acondicionado, comiendo jamón y bien vestido. Y entonces te dan el periódico y ves que cayeron 400 muertos. Es una tontería querer mandar por control remoto a la gente de aquí.

KEAN: ¿Y después de algún cambio?

VELÁZQUEZ: Bueno, hay gente fuera que quiere hacer un gobierno en el exilio. Yo creo que la mayor parte de los grupos que están aquí no están de acuerdo con eso. El problema de aquí no se resuelve con un gobierno en el exilio. El problema es dar paso a un nuevo gobierno, negociando o presionando o de la forma que sea; yo no pongo cortapisas. No conviene que pasara como en Chile con Pinochet. Hay que lograr que se permita que vuelvan los emigrados. Hay que lograr que se llame a elecciones libres, y que el gobierno las permita. Si el pueblo se alza y arrastra al gobierno, es imposible que alguien venga de afuera y diga: "Ahora yo soy el Presidente". Ahora, si alguien quiere ser Presidente, y se consigue 60,000 hombres con armas y vienen para acá, entonces veremos lo que pasa. Pero mientras tanto, esta gente que está jugando a Boris Yeltsin, con que van a ser Presidente, no vale.

Aquí el Presidente tiene que vivir en Cuba, cualquiera que sea. Gustavo Arcos, Elizardo Sánchez están aquí, y se les llama a su casa. Los otros que están afuera y dicen que van a traer un gabinete ¿un gabinete de qué cosa?

KEAN: ¿Y en cuestiones de ayuda económica?

VELÁZQUEZ: En eso el exilio va a ser fundamental. Cuba es uno de los pocos países del mundo que tiene una fuerte presencia, para el tamaño del país, en una potencia como los Estados Unidos. Y no sólo en números, sino en las relaciones que tienen. Más bien ellos deben trabajar, ahora y en el futuro, por canalizar ayuda para Cuba. No sea que Cuba vaya a quedar como Granada después de Bishop, o Nicaragua, donde el pueblo quedó atrasado y lo que llegó ha sido poca ayuda.

No es que los Estados Unidos estén obligados a ayudarnos, porque la culpa la tienen los comunistas. Pero creo que tienen ciertas obligaciones con respecto a Cuba. Si Fidel Castro triunfó, fue un poco —o mucho— por culpa de los Estados Unidos. En el sentido de culpa, no por lo que pasó después del 1959, sino por lo que pasó anteriormente. Por ejemplo, cuando el Presidente constitucional, Prío, fue derrocado, Estados Unidos no hizo nada. No intervino en eso. Fidel Castro fue convirtiéndose en una persona que estaba luchando contra esa arbitrariedad de derrocar el presidente constitucional. Y al final lo aprovechó cuando tomó el poder, porque ha sido un Presidente anticonstitucional también durante más de 30 años. Una nación grande, poderosa, con tantos analistas y tantos politólogos ¿cómo no se va a dar cuenta que en un momento cualquiera, en una dictadura de este tipo, podría llegar un demagogo peor que el dictador, que le pasa por encima?

Así que Estados Unidos tiene una gran parte de la culpa por la toma de poder por Fidel, porque permitió aquello. Porque Fidel era un agitador más en la Universidad, y había 300 ó 400 igual que él. Cuando lo de Batista fue que se convirtió en la gran figura que empezó a luchar, y a atacar cuarteles, y a hacer cosas. Ahí fue cuando cimentó su historia, luchando contra Batista. Si no hubiese existido un Batista dictador no hubiera un Castro dictador, porque él no tenía fuerza para derrocar un gobierno constitucional. Cuba no tenía ganas de tumbar a nadie, ni de hacer guerra civil.

Todo eso surgió porque Batista era un dictador y además Fidel fue el que intensificó la dictadura de Batista. No era una dictadura, era una "dicta-blanda" hasta que Fidel empezó a luchar. Batista se reunía con algunos coroneles y se hizo Presidente para robar. Pero aquí no le interesaba mucho a la gente que los presidentes robaran, solo que la gente a la vez pudiera divertirse y beber y comprar. La gente no se metía en la vida de ellos. Batista era un delincuente de verdad, pero un delincuente que en realidad no molestaba a nadie. Entonces nos cayó un hombre que derrotó al delincuente, y le quitó todo lo que tuvo no sólo al delincuente, sino que le quitó todo a todo el mundo: peor todavía. Y una gran parte de la culpa la tiene el gobierno de los Estados Unidos, porque permitió que el primer delincuente llegara. Era mucho mejor, pero lo dejaron que llegara. Es un compromiso moral, una cosa que casi nunca se reconoce.

La emigración tiene un poder determinado, y ganan bastantes millones de dólares al año. El simple hecho de que cada cubano que está en Miami enviase a Cuba $100 sería un fuerte alivio para Cuba, $100 al año, no mensuales. También hay millonarios cubanos, unos cuantos que son ejecutivos de empresas grandes. Pueden tratar de canalizar inversiones en determinados sectores de la economía cubana, que empiecen a potenciar la salida del desastre económico que hay aquí.

Lo mismo con el turismo también. Con toda la propaganda que se hace con el turismo en la Florida, pues las personas que vayan de turistas a la Florida pueden —porque la distancia es tan corta— pasarse aunque sea un día en Cuba. A los que se van a Florida se les hace una especie de convenio de los hoteles para que el turista pueda pasarse un día en Cuba, y regresar a la Florida. Son una serie de cosas que pueden ayudar mucho, sobre todo las conexiones y el prestigio que tienen determinados cubanos en la Florida, que está tan cerca de Cuba. Si fuera Canadá sería otra cosa.

KEAN: Quisiera preguntar algo sobre el bloqueo.

VELÁZQUEZ: Aquí no existe ningún bloqueo. Es un embargo. Aquí no hay ningún grupo de barcos de guerra impidiendo el comercio. La Bahía de La Habana está casi vacía, pero eso es porque la Unión Soviética no está enviando nada. No es porque nadie lo esté impidiendo.

KEAN: Hay un debate en los Estados Unidos que quizás sería mejor acabar con el embargo.

VELÁZQUEZ: Ese es un tema un poco difícil. Si se aprieta el embargo, el pueblo va a sufrir más. Con eso se apuesta a que haya un gran levantamiento. Eso significaría probablemente una invasión norteamericana que vendría a salvar a la gente. Cuando hubiera una masacre, cuando hubiera 10,000 muertos, eso le daría un pretexto a cualquier presidente para invadir. Ni siquiera Estados Unidos, ahora con el problema de Haití, si hay una masacre armada en ese país, a lo mejor manden una fuerza internacional. Eso siempre es un choque sicológico para una nación.

Pero suspenderlo, por supuesto, sería la última gran victoria diplomática de este gobierno. Si se fuera a caer en seis meses, pues duraría dos años. Pero el problema es que si quitan el embargo, Cuba no tiene un centavo con qué comprar nada. ¿Qué va a pedir Fidel? ¿Que le quiten el embargo y que le den crédito también? ¿Durante 33 años es un enemigo y un tirano, y después le van a quitar el embargo y le van a dar crédito encima? No puede ahora pedir que le pongan un mercado preferencial tipo Unión Soviética. Él se fue, y se ha pasado 33 años insultándolos, diciendo que son explotadores, y ahora va a buscar el mercado explotador de nuevo. No es lógico.

Así que yo no sé por qué Castro está pidiendo que le quiten el embargo, porque no puede hacer nada cuando se lo quiten, no puede comprar nada. ¿Qué piensa él comprar en Estados Unidos? Claro, hay ciertas empresas industriales que invertirían, como estas compañías de España. Y entonces los turistas vienen, porque el mercado natural de Cuba es el turismo, de Alemania y de España. Eso es a lo que él está apostando ahora.

Sin ningún embargo, de todos modos la economía cubana es un fracaso. Tiene que encontrar otras formas de despegue, probablemente con mucha ayuda de la comunidad cubana en Estados Unidos y en Venezuela. Yo no sé si los cubanos en Venezuela son ricos o no, pero cualquier cubano que esté en el extranjero es más rico que cualquier cubano, excepto la nomenclatura. Así que con un millón, dos millones de cubanos en el exilio, que entren $100 per cápita sería una ayuda inmensa.

Esa gente lo que debe enviar sobre todo es su tecnología, su estrategia de comercialización, sus contactos. Dinero sería solo un principio —y más que dinero, comida y ropa, porque cada día hay menos cosas. Eso es lo que puede hacer la emigración: enviarnos eso en el momento que el gobierno este se largue. Inmediatamente empezar a mandar aviones— y barcos— llenos de comida y ropa.

Pero con posterioridad los problemas de Cuba no son sólo de dinero. Que hagan las inversiones que quieran hacer, eso es su problema. El problema fundamental sería la modernización de Cuba. El cubano, por un lado, tiene bastante instrucción. Una gran parte de la población sabe matemática, física, geografía. Pero ni siquiera la gente que trabaja en las zonas comerciales sabe absolutamente nada del comercio de verdad.

Si te mandan 100 banqueticas, y se te pierden 50, entonces a las 50 que quedan se les sube el precio, y ya con eso se recupera el dinero que costaron las 100. Eso es de lo más esquemático, pero eso tan simple la mayor parte de la gente en Cuba no lo entiende. Aquí en las tiendas la gente no toma en cuenta cuántos se les enviaron, cuántos se perdieron, cuántos vendieron. De 100 banquetas, quizá se vendan diez. La gente que han vivido treinta años con esa costumbre no saben que el capitalismo no es así. Además, el capitalismo es el verdadero comercio. Una cosa es para vender; no es para que se pierda. Es absurdo. Esas cosas tienen que enseñárselas la gente de Miami a la mayor parte de los cubanos, porque la gente, aquí, no entiende eso.

KEAN: Muchas gracias.

17. **Oswaldo Payá del Movimiento Cristiano Liberación** (*foto extraída de un video tomado durante una entrevista reciente*).

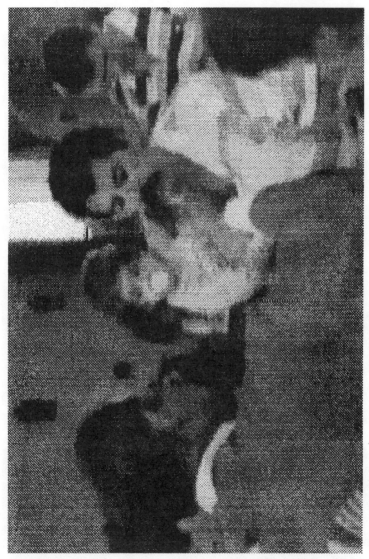

18. Oswaldo Payá, en su Iglesia Parroquial, con uno de sus hijos (*foto extraída de un vídeo tomado durante una entrevista reciente*).

VI
Oswaldo Payá Sardiñas*

A. Algunas ideas sobre el IV Congreso del Partido Comunista de Cuba, el embargo comercial de EE.UU. y el papel del exilio cubano
La Habana, 7 de octubre de 1991

1. El IV Congreso del Partido Comunista de Cuba

En primer término a este evento no se le puede llamar, con propiedad, congreso. No serán el debate ni la decisión democrática las características de esta reunión. Las decisiones están tomadas antes de la inauguración. Ni siquiera los delegados, ya instruidos, pueden influir en las conclusiones que se les dictaron.

El problema fundamental lo es para Fidel Castro y radica en que sólo tiene dos opciones: la apertura democrática o nada. Ni Fidel, ni el Congreso del Partido ni el socialismo tienen nada que ofrecer al pueblo. Sin embargo, las variantes en cuanto a la forma de presentarse esta opción de vacío, de nada, de apego ciego al poder son las siguientes:

Una forma sería de la retórica tremendista, del presagio del hundimiento de la nación, la apelación a los principios invariables y el protagonismo extremo. Esta sería la expresión más torpe e irracional, que sería entendida como testamento. La expresión más rígida no hará más que precipitar la quiebra.

La otra forma, de expresión más elaborada y con el afán de sobrevivir políticamente sin cambios esenciales, sería la cosmética, que pudiera ir acompañada de cierta flexibilidad objetiva, la necesaria para dar la apariencia que en el entender del régimen, pudieron convencer o atenuar a algunos dentro y fuera de Cuba. Algunos elementos de esta limpieza de fachada serían:

- Transformación de la Constitución, para asumir formas o procedimientos electorales más directos. También para darle un carácter "laical" a la carta magna y al partido.
- Cambios en cuanto a cierta tolerancia de algunos pequeños negocios privados y del mercado campesino. También una apertura al capital extranjero.

---

*Coordinador del **Movimiento Cristiano Liberación**.

En definitiva, salvo una impredecible insubordinación colectiva, o un "milagro", no se puede esperar nada de un "congreso" que no es congreso.

Otro asunto es lo que los hombres del poder, los que hacen el Congreso, pueden esperar del pueblo. Porque el pretender continuar la fórmula totalitaria y rígida que lleve la nación a la destrucción, sería inaceptable. La declaración por parte del "congreso" de la permanencia del régimen en esa fórmula es, de hecho, una sentencia de muerte para el pueblo, que no está dispuesto a aceptar. Ahora empezará el enfrentamiento entre un pueblo que lucha por su vida y un régimen que quiere aniquilarlo. Y yo les digo, que en este combate, el pueblo es el preferido de Dios.

2. El embargo comercial de EE.UU. al régimen comunista de Cuba

Nuestra posición sobre el aislamiento económico la hemos expresado en el "Llamamiento del Cobre". Pensamos que este hecho o esta postura merece ser considerada muy seriamente en su dimensión histórica y, por lo tanto, se escapa a una exposición tan corta del asunto.

Pero creo que en el momento actual cualquier variación en esta política de los EE.UU., si quiere tener valor moral, debe ser consecuencia de un gesto claro de apertura democrática por parte del Gobierno de Cuba. De otra forma sería un apoyo al régimen en desprecio del pueblo cubano.

Sin embargo, el Gobierno de los EE.UU. y todo el que tenga que ver en el asunto, deben pensar seriamente y por las mismas razones morales en canalizar asistencia en el plano humanitario hacia el pueblo cubano, especialmente en medicamentos y productos afines a la salud. Ya que si este régimen, como todos queremos, va a pasar, debemos evitar a toda costa que, en su derrumbe, arrastre a víctimas inocentes, especialmente niños. Si trabajamos y luchamos para que vivan en un mundo de libertad, debemos actuar con gran responsabilidad para que esos niños lleguen vivos.

3. El exilio cubano

Cualquier intento de marginar nuestro exilio o restarle importancia en el proceso de liberación y reconstrucción nacional, no sólo sería injusto, sino carente de realismo. El exilio, fundamentalmente, más allá de toda otra causa, es exilio político. No existiría sin el régimen comunista.

Es objetivo reconocer la gama de posiciones que coexisten en el exilio cubano, producto de la rica gama de experiencias y situaciones. Intensa, desleal y agresiva ha sido la propaganda del régimen contra nuestros hermanos de la diáspora. No se puede idealizar al exilio, pero tampoco descalificarlo y esto es también aplicable del exilio hacia nosotros.

Debemos partir del principio de que los cubanos del exilio son parte inseparable de nuestro pueblo, que han conservado en gran medida nuestros valores culturales y patrios y que esta separación es circunstancial, temporal y forzada.

Sobre estas bases y el gran anhelo de reencuentro que tenemos los de acá y los de allá, debemos prepararnos para la Cuba de libertad por la que ya trabajamos juntos.

No se puede agotar el tema del papel del exilio en el proceso cubano, más hay dos ideas que por su actualidad e importancia futura quisiéramos indicar.

a. El exilio participa de forma activa en el proceso de liberación y busca constantemente nuevas formas de acercar el momento del cambio. En este sentido es necesario que se produzca un profundo intercambio, una aproximación creciente para que la buena intención de la diáspora no se aprecie de forma distorsionada como a veces ocurre debido a la falta de realismo, a veces a euforia y, a lo que es peor, las rivalidades y enfrentamientos entre los diversos grupos. Esto último ha impedido una estrategia común dentro y fuera de Cuba en su conjunto.

Es importante considerar cómo, la actividad de los grupos o partidos en el exilio a veces sirve más bien de barrera o freno a la solidaridad, que la gran mayoría del exilio, es decir, el pueblo que no milita en organizaciones, quisiera canalizar. Esta solidaridad sin barreras tendría un efecto de reforzamiento moral sobre los cubanos de la Isla y llenaría de confianza a muchos que dudan sobre lo que se puede esperar del exilio.

Esta dispersión de voluntades y esfuerzos no sólo es una aliada del régimen, si no que ya se dan signos de que se está transponiendo a la oposición interna, también enfrentada entre sí.

b. Sobre la importancia de la participación del exilio en la Cuba libre no es necesario abundar. En todo caso, es necesario un intercambio en muchos campos desde ahora, un estudio realista que permita una implementación inmediata y efectiva de la asistencia del exilio.

El exilio y nosotros **debemos complementarnos y no pretender determinarnos.** Sólo quiero señalar que considero sería un error tratar de asumir formas de mercado y organización de la economía que no se correspondan con el estado en que va a quedar la nación. En primer término, debe trabajarse por la consolidación de la democracia, el ascenso del pueblo a la soberanía en un verdadero pluralismo y el desmantelamiento del aparato militar-represivo del régimen actual. En esta etapa el exilio debe estar más dispuesto a asistir, donar y ayudar que a invertir, vender o hacer negocios.

En suma, quien se preocupe por la sociedad futura y quiera cooperar en cualquier campo social o económico debe tener muy en cuenta que seremos una sociedad que no sabe de una forma lógica y moderna de organización social, sino literalmente de la esclavitud y de una economía de campamento. Y en la esclavitud los hombres no tienen nada para empezar más que su voluntad y sus corazones. Ténganlo en cuenta y miren a este pueblo con amor.

B. II DECLARACIÓN CIUDADANA*
Elecciones libres: la solución para Cuba

Hemos trabajado por la paz y la reconciliación entre los cubanos. hemos optado por el movimiento cívico y pacífico como vía para lograr esta reconciliación y la vigencia de los derechos fundamentales de las personas y de la soberanía popular. En este empeño hemos acudido a las leyes, hemos propuesto el diálogo y hemos apelado a la buena voluntad de todos y sin embargo, se nos ha respondido con la violación de la ley y la represión por parte de las autoridades. No declinaremos en la determinación de luchar por vías pacíficas para que el pueblo alcance la libertad y la dignidad plena. Creemos necesario clarificar posiciones ante el pueblo de Cuba, por lo que hacemos esta II Declaración Ciudadana:

1. El 20 de noviembre de 1990 presentamos en las oficinas de la Asamblea Nacional del Poder Popular un Proyecto de Reforma Constitucional para realizar un Diálogo Nacional y una Nueva Asamblea Constituyente. Apoyados en la ley comenzamos a recoger firmas para avalar esta propuesta. La respuesta del Gobierno ha sido la violación de la ley vigente y de los derechos soberanos de los ciudadanos mediante actos de repudio y asaltos a domicilios, la represión contra los que recogen estas firmas, a los que se les amenaza, se les coacciona y, en algunos casos, se les ha expulsado del trabajo y encarcelado con diversos pretextos. Inclusive, oficiales de la Seguridad del Estado han afirmado que sus agentes han firmado esta Proposición con la intención de acusarnos de fraude posteriormente. Las

*Este documento fue recibido de Cuba inmediatamente antes del cierre de la edición del Mensaje, y se incluye porque actualiza la postura del MCL.

autoridades entonces están delinquiendo, situándose por encima de la ley y la constitución y esto es de total conocimiento de los ciudadanos cubanos que de esta forma saben que no existen garantías puesto que el Gobierno manipula la ley para reprimir o la viola flagrantemente si le es necesario para impedir que el pueblo exprese su voluntad de cambio o cuestione, por vías legales, el poder absoluto del grupo de hombres que de esta forma usurpan la soberanía popular.

2. Hemos trabajado durante años por la paz y la disminución de las tensiones en las relaciones internacionales de Cuba, nos hemos opuesto claramente al aislacionismo en todas sus formas. Recientemente apelamos directamente al Gobierno de Cuba y también a los Gobiernos de Estados Unidos, de España, de los países latinoamericanos y de Europa occidental y oriental para que colaboren en el logro de un ambiente libre de tensiones que favorezca la reconciliación y el diálogo digno entre los cubanos. No hemos sido escuchados. Sin embargo, los Gobiernos mencionados tienen una responsabilidad en el problema cubano que viene dada por las relaciones que han mantenido con Cuba y por la participación que en diversos grados han tenido en el problema global cubano en las últimas décadas. Es contrastante y desalentador que ninguno de estos Gobiernos haya respondido positivamente a la Declaración de Buena Voluntad Hacia el Pueblo de Cuba, dada el 19 de enero de este año, que constituye una vía concreta para la solución del problema cubano desde posiciones equilibradas de respeto a nuestra soberanía y que también en justa medida da la posibilidad a estos Gobiernos de asumir la responsabilidad que les corresponde. Exhortamos a los gobiernos y pueblos de los países mencionados a que reconsideren la Declaración de Buena Voluntad Hacia el Pueblo de Cuba y la asuman.

3. Es inaceptable el mantenido discurso del Gobierno cubano donde desconoce su máxima responsabilidad en la situación de crisis total que vive la nación, puesto que la política económica y cultural, las relaciones internacionales y toda la vida sociopolítica del país en las últimas décadas ha sido dictadas por los hombres del Gobierno. Esto se ha hecho sin permitir ninguna posibilidad de crítica ni apelación y al mismo tiempo con la intolerancia y represión en cada momento frente a cualquier cuestionamiento que se hiciera a la política oficial y a los hombres del Gobierno. Esto se ilustra fácilmente de muchas maneras, por ejemplo, recordando que la absoluta dependencia de la URSS y la copia de su modelo político y cultural fueron siempre rechazadas en el corazón y la mente de los cubanos pero sin embargo impuestas por la fuerza como algo sagrado sobre nuestra sociedad

por estos mismo hombres que aún gobiernan a Cuba. Pero esta relación era incriticable en aquella época como lo ha sido y sigue siendo la política que en cada momento tiene el Gobierno. Si a esto unimos los enormes y escandalosos privilegios con que han vivido y viven los opulentos dirigentes frente a la probreza y la marginación de la mayoría de los cubanos, podemos calificar de despótica la postura de un Gobierno que en vez de hacerse justicia por sus errores y absolutismo, permitiendo que el pueblo tenga voz en la superación de la crisis, lo que hace es desatar el terror que ya ha cobrado hasta sangre de niños inocentes y por otra parte emplear la demagogia superflua para justificarse y negar toda posibilidad de cambio que ponga en peligro su poder absoluto.

4. Elecciones libres y democráticas, ésa es la solución justa y el derecho del pueblo cubano. El Gobierno no puede seguir jugando con la vida y los derechos del pueblo. Emplazamos al Gobierno a que declare dentro de Cuba, sin más juegos de palabras, el anuncio que sus funcionarios han hecho para el extranjero sobre la participación de la oposición en las elecciones. Debe definirse un procedimiento de postulación que esté libre del ambiente y los mecanismos de terror que asfixian a los ciudadanos. Estos procedimientos deben dar la posibilidad de postulación a cualquier ciudadano en su municipio mediante la colecta de firmas en un número de justa proporción al número de electores de su municipio. En todo caso el Gobierno debe dar garantía de respeto a la ley y a los ciudadanos, pues la experiencia de los cubanos, hasta hoy, es que cualquiera que presente una alternativa al Gobierno es reprimido. Recordamos a los miembros de la Asamblea Nacional del Poder Popular que inclusive la ley electoral vigente ha sido sistemáticamente violada por la designación de facto de los candidatos y hasta de los diputados por parte del Partido Comunista, por lo que estos diputados que han ocupado escaños, más por designación que por elección, tienen ahora la suprema obligación moral de devolver al pueblo su derecho soberano de escoger su legítimo representante.

5. A partir de que Oswaldo Payá Sardiñas anunció su intención de postularse como candidato a Diputado, respondiendo a declaraciones de Carlos Aldana para la prensa extranjera, la Seguridad del Estado comenzó una campaña represiva que incluye la difamación, la amenaza directa a los miembros de su familia, expulsión del trabajo y detención de amigos que colaboran en la recogida de firmas para apoyar el Proyecto de Transición presentado en noviembre de 1990; a esta campaña se une todo un conjunto de declaraciones confusas y ambivalentes de funcionarios del Gobierno acerca

del procedimiento electoral. Oswaldo Payá Sardiñas ratifica su disposición a participar como candidato en un proceso electoral limpio, democrático, donde el Gobierno se comprometa a respetar la ley y los ciudadanos, pues de otra forma no tendría sentido la participación de la oposición ni sería creíble para el pueblo ni para el mundo. Ante la crisis tan grave que vive la nación lo único digno y justo que puede hacer el Gobierno es la realización de elecciones libres y democráticas que son la vía de superación de esta crisis que todos sabemos que está dada por la marginación del pueblo del poder que hasta ahora lo ostenta absolutamente un reducido grupo de hombres. Desafiamos al Gobierno para que ponga en manos del pueblo un instrumento legal mediante el que puede expresar su voluntad y decidir pacíficamente los cambios que desea. Desafiamos al Gobierno para que ese mismo pueblo que desfila en las plazas apoyando a los dirigentes y al socialismo se le de la posibilidad de decidir en elecciones libres, si quiere o no pluralismo político, si quiere o no cambios profundos en la sociedad. Sométanse los hombres del poder al voto democrático y secreto, que ésta es una expresión más legítima que los gritos en un plaza bien custodiada. De nuestros hermanos latinoamericanos aprendimos una frase que sugiere lo esencial de la solución del problema cubano: "Sólo el pueblo salva al pueblo".

1 de mayo de 1992   Dios bendiga al pueblo de Cuba

Oswaldo Payá Sardiñas
Dagoberto Capote Mesa
Ramón Antúnez González

VII
Rafael Gutiérrez Santos[*]

La Habana, 8 de octubre de 1991

Christopher Kean, de Freedom House y Of Human Rights: Como la Unión General de Trabajadores de Cuba fue fundada hace muy poco tiempo, lo primero que desearía de usted es información general sobre la fundación de la Unión, su programa, y cómo llegó a ser lo que es.

GUTIÉRREZ: Nosotros, específicamente, hemos dirigido sindicatos aquí, a diferentes niveles, por muchos años. Últimamente tenía el nivel de dirección provincial de la Ciudad de La Habana de los sindicatos marítimos y también trabajé mucho en el comité provincial de la Asociación Nacional de Innovadores de Cuba. A través de esta labor con los trabajadores, el contacto diario, pude darme cuenta de sus inquietudes, de sus necesidades, de lo que ellos diariamente planteaban en sus conversaciones. O sea, el hombre concreto, al cual nosotros siempre defendimos, y siempre luchamos para que se le respeten sus derechos; y ese hombre era el que nos confiaba a nosotros, y las palpábamos, sus dificultades.

Fue desarrollándose un estado de concientización en mi persona, este estado de concientización me incluye a mí propiamente. Soy un obrero también, no una persona que está "maquillada" como un obrero. Con ellos vivo, convivo y trabajo diariamente. Entonces, ¿quién mejor que un obrero para entender su idioma, y las necesidades que tienen? Así fue desarrollándose un estado de concientización que nos permitió buscar una panorámica de soluciones a esta situación. Los trabajadores de nuestro país, sus niveles de vida, iban empeorando, sus dificultades iban en aumento. Y llegamos a una situación en que ya prácticamente con el salario —en cualquier parte un obrero tiene que enfrentar sus necesidades vitales— ya prácticamente no podía cubrirlas.

Entonces ante estas situaciones de que he hablado, se empezó a desarrollar un proceso político profundo en la URSS en el año 1985 que se denomina *perestroika*. Y que este proceso prácticamente partía de la aprobación del propio Partido Comunista de la URSS. Como es lógico, estas proyecciones que se plantearon eran completamente proyecciones democráticas. Quiere decir que se iba a desestalinizar la vida del pueblo soviético. Por mucho

---

[*]Organizador de la **Unión General de Trabajadores de Cuba**.

19. Rafael Gutiérrez Santos, de la Unión General de Trabajadores de Cuba, acompañado por Elizardo Sánchez Santa Cruz e Yndamiro Restano.

20. Rafael Gutiérrez Santos, durante la entrevista, con Christopher Kean y la periodista polaca Anna Husarska.

tiempo a Stalin se le cogió como símbolo de la democracia, se le cogió como símbolo del bienestar, del hombre que iba a conducir a los pueblos a la paz universal para que las personas tuvieran todos sus derechos. Pero entendimos que estas situaciones se confrontaron siempre como un mito inflado, propagandístico, que salía de una maquinaria propagandística, prácticamente como la maquinaria de propaganda de Goebbels.

Estas situaciones, que fueron ya enjuiciadas anteriormente, trajeron como consecuencia la concientización de que yo hablaba. Aún más, como trabajábamos en los puertos, teníamos la posibilidad de tener contacto con los marinos rusos. Podíamos conversar con ellos, y nos explicaban la situación. Llegó un momento en que también determinadas situaciones no se podían explicar más porque la prensa que entraba en nuestro país se había limitado. Y esta situación nos hacía perder perspectivas informativas. No se quería facilitar que se conociera que se iba a desarrollar una democratización, en contraste con el sistema que se había impuesto durante años, que era el estalinismo.

En el año 1987 visité la URSS, y como hablo un poco de ruso, pude palpar, pude conversar a mi nivel de conocimiento, de lo que ya había hablado anteriormente con los marinos en los barcos, con estos hombres concretos de los que yo hablaba. Pude percatarme también del mito de que el obrero soviético era el que mejor vivía; que el obrero soviético era el que mejor vestía, calzaba y comía; que los estudiantes tenían de todo. En sí, este elemento simboliza lo que pude palpar y ver. Es un país como cualquier otro, con sus problemas, con sus deficiencias, con toda una serie de situaciones conflictivas en la sociedad y no aquella sociedad que nos reflejaron en los libros como un paraíso en la tierra.

Todas estas situaciones que estoy mencionando, y las relaciones con los trabajadores en las que se iban incrementando las dificultades, nos dieron la idea de que era necesario establecer algún tipo de lucha dentro de nuestro país para iniciar una tendencia de mejoría de nuestra situación. Esto nos llevó a la idea de ingresar en el movimiento social demócrata, y proyectarnos en el desarrollo de este movimiento también, que perseguía objetivos similares. Era un movimiento pacífico, un movimiento democrático.

Seguimos trabajando por los intereses de los trabajadores. Porque una cosa que siempre nos ha interesado es que aunque las administraciones no se alíen a nuestra organización o nos critiquen, siempre hemos estado orgullosos de que no nos critica el trabajador. Que el trabajador no nos señala con el dedo, que en ningún momento hemos dejado de defender sus intereses. Y esa es una cosa que internamente uno lleva, de padres a hijos: saber que no haya un trabajador que lo señale a uno, porque en el momento que hubo necesidad de defender sus intereses no lo hicimos con valentía, con honestidad y con espíritu de clase.

Llegado este momento, por las situaciones que se empiezan a plantear en este tipo de lucha, comenzamos a tener dificultades para el desarrollo de este trabajo. Por ejemplo, chequeos, citaciones, vigilancias, detenciones, hasta llegar al clímax, en el cual se nos aplicó la expulsión de las filas del sindicato, la separación de nuestros cargos sindicales. Fuimos elegidos por los propios trabajadores en votaciones enormemente mayoritarias sobre otros contrarios, y este mecanismo se empleó contra nosotros, separándonos de la dirección sindical y de nuestros cargos; separación que yo aprobé, porque entiendo que si no podemos estar en una organización por tener ideas diferentes, pues entonces yo tengo que aprobar eso también. ¿Como puedo estar en contra de que se apoye mi separación de una organización que no me permite tener mi pensamiento? Yo acepté, y aparte de aceptar, yo mismo voté para que me separaran.

Pero ahí no paraba la cosa: también seguí la lucha, no la abandonamos. Los trabajadores siempre se motivaban mucho y ellos, en sus proyecciones, lo manifestaban. Nuestra detención fue el 30 de junio, y tres días después nos presentamos en el centro de trabajo. Se hizo una reunión donde se planteó que se iban a respetar nuestros trabajos. Cuando hablo de nuestros trabajos quiero significar también que los hombres que fueron separados fueron hombres de una larga trayectoria laboral de más de 25 años de labor, fieles cumplidores de su trabajo, personas honestas y honradas, a los cuales, sin valorización de ningún tipo de esta situación, ni de la de sus familias, ni de sus hijos, se les aplicó la medida de separarlos de sus cargos, lanzándoles adjetivos, manipulando las reuniones y proyectándose con posiciones no honradas, e informando a los trabajadores de situaciones diferentes a como eran en realidad.

Esto costó que nos expulsaran de nuestros centros de trabajo, por lo cual, como es lógico, inmediatamente acudimos a los tribunales para reclamar nuestras plazas, que consideramos como algo de justicia. Pero con el sistema de derecho que tenemos, nosotros sabíamos que sería un juicio donde el presidente del tribunal pertenece al partido comunista; donde el abogado de la defensa pertenece al partido comunista; donde el secretario del sindicato que se presenta para acusarnos, no para defendernos, es miembro del partido comunista.

Nosotros entendemos que en cualquier parte del mundo un sindicato debe representar a sus trabajadores, a sus afiliados y defenderlos. No es posible que se pueda presentar ningún dirigente sindical en ningún tribunal a acusar a un trabajador que está tratando de reclamar su plaza justamente, despedirlo por sus ideas políticas y acusarlo de esas propias ideas políticas. El propio sindicato que hemos pagado durante decenas de años, que hemos sostenido con nuestros salarios, con esas cuotas de pago a los dirigentes profesionales, y esos mismos dirigentes se presentan a acusarnos. El que va a acusarnos también es del comité del partido.

Entonces hay una paradoja: si nosotros nos situamos en una época histórica diferente, y nos trasladamos a la Inquisición, y en este caso yo fuera acusado de herejía, y se me convocara el Tribunal de la Santa Inquisición para proceder contra mi persona, entonces allí cuando me presente me dicen que voy a tener una defensa. Pero cuando miro donde está la defensa, la defensa es un cura. Si el tribunal pertenece a Roma y el cura pertenece a Roma, en aquellos tiempos históricos nadie iba a evitar que yo fuera condenado, y que me cortaran la lengua.

Así, en esta época cósmica y nuclear, nos encontramos históricamente con situaciones similares que no se reflejan en las creencias religiosas, pero sí en las políticas. Y se aplica todo un mecanismo similar: ya no es la lengua, pero es el lanzamiento de los trabajadores a la calle, sin importarles los intereses de sus familias, sin importarles sus intereses profesionales, y sin que en absoluto valga para nada, ni se tome en cuenta, la trayectoria de trabajo de esos hombres durante decenas de años. Esto es una cuestión muy injusta, una cuestión muy abusiva, una cuestión muy humillante, porque no pudimos hacer nada.

Todas estas situaciones de que hablábamos anteriormente fueron madurando, fueron creando un embrión de resistencia ante estas cuestiones injustas. Además había la muestra, que veían. Muchas veces acudimos a los tribunales a defender a los trabajadores, porque sí acudimos y los defendimos. Siempre que participé en un juicio fue para defender a los trabajadores. Lo contrario con nosotros. Con nosotros los propios sindicatos nos acusaron. Y eso creó la posibilidad de ir pensando en formar una organización sindical que no fuera la oficial, una organización sindical que no estuviera subordinada a los organismos políticos y gubernamentales; en la cual, verdaderamente, los derechos de los trabajadores estuvieran representados, en absoluto, en sus conquistas y en su defensa. Entonces nosotros, con estas experiencias que teníamos, con estas vivencias que teníamos, con estas conversaciones con los trabajadores, nos dimos a la tarea de hacer una alianza de ideas y decidirnos a fundar un sindicato independiente.

Lógicamente sabíamos el peligro que esto representaba para nuestras personas. Lo sabíamos perfectamente, pero sí sabíamos también que ejerceríamos derechos. Y de nuestros patriotas aprendimos, de Antonio Maceo, que decía que era propio de cobardes mendigar derechos. Con esa proyección patriótica de nuestros mambises nos dimos a la tarea de hacer un sindicato. Carlos Manuel de Céspedes, cuando hizo su declaración en Yara para enfrentarse a los españoles, era un hombre con muchos privilegios y prebendas. Sin embargo, estaban los intereses de Cuba por delante, y dejó esos intereses y se enfrentó a los españoles. Había una cosa muy importante en el llamamiento que hizo en aquellos tiempos, a la masa de los cubanos a quienes nada más se les permitía obedecer y callar.

No estamos en los tiempos de Carlos Manuel de Céspedes. Y en esta situación, los derechos los vamos a ejercer. Porque cuando proyectamos la creación de esto, la primera idea que teníamos era que hay un derecho universal de crear sindicatos para la defensa del obrero. También tenemos un derecho jurídico en nuestro país de inscribir asociaciones, quiéranlo o no. Y dimos ese paso también. Pero hay otra cosa: que tenemos libertad de palabra y expresión. Podemos expresar nuestras ideas y transmitirlas, quiéranlo o no lo quieran. Esos son derechos que ejercer.

Si por esos derechos se procede contra nuestro sindicato, nuestros integrantes, nuestros miembros, sencillamente mostrarán que los derechos universales de los hombres no son respetados. Entonces demostraremos que no hay ningún tipo de democracia, y que cualquier hombre en este país no puede creer nada más que la idea oficial del pensamiento. Y esa es una sociedad que aplasta y excluye el ser humano, porque jamás habrá uniformidad en los pensamientos. Desde que el hombre es hombre, nunca tuvo unidad de pensamiento. Sería muy aburrido el mundo si los hombres todos vistieran igual, no trabajaran diferente, no habría esculturas, no habría cuadros. Todo sería monótono, todo el mundo con el mismo pensamiento, con la misma vestimenta, con los mismos objetivos. Yo creo que eso traería la destrucción del mundo.

El mundo es un constante reto, y una constante innovación. Y nosotros lo que hemos hecho son unas innovaciones. Esta es una innovación más en nuestra historia, que modestamente, como los trabajadores simples que somos, que nos enfrentamos a las vicisitudes y dificultades de decenas de miles y cientos de miles de trabajadores cubanos, decidimos organizar y fundar este sindicato el 4 de octubre de 1991.

KEAN: ¿El sindicato ahora tiene algún programa definido o simplemente están ahora en la etapa de fundación e ideando el programa todavía?

GUTIÉRREZ: Es muy buena la pregunta. Nosotros hicimos, al fundarlo, un acta de constitución con los puntos que queremos destacar, que son 17 puntos. Al mismo tiempo, hicimos un llamamiento a los trabajadores cubanos, en el cual expresamos las razones por las cuales constituimos este sindicato. Independientemente de las cosas de que hablaba anteriormente, es un poco más profundo, va más a la médula de los problemas. Significamos en esta acta constitutiva que se están elaborando los estatutos, que deben aprobar en una conferencia los propios fundadores y los trabajadores que se adhieran en un período determinado de tiempo. Estos estatutos, que no van a ser estatutos definitivos, sino estatutos operativos, provisionales, van a señalar los elementos fundamentales en los cuales nos basamos, y también qué es lo que necesitan los trabajadores, en un justo período de tiempo, para solucionar sus problemas. Estos estatutos van a ser enriquecidos por las opiniones de los trabajadores y por las experiencias de muchos dirigentes. Esa es la base de nuestro trabajo en el sindicato.

Damos una oportunidad también, a la formación de estas organizaciones a niveles territoriales. En nuestra acta constitutiva lo señalamos. No vamos a hablar de sindicatos ramales, sino vamos a organizarnos en forma territorial, a niveles de provincias, municipios, pueblos y centros de trabajo, como un elemento aglutinador de los trabajadores. Nosotros sabemos que los trabajadores que se han proyectado en sus conversaciones múltiples veces, siempre expresan que el sindicato no resuelve nada, que el sindicato no vela por sus intereses, que no saben para qué pagan al sindicato. Y tanto es así que señala el organismo oficial que el 3% de los 3,500,000 de trabajadores en Cuba, no están afiliados.

Y esa es una proporción conservadora a nuestro entender. Pero hay también miles de desempleados en este país que no están catalogados por el sindicato. Hay miles de personas que se quieren retirar de nuestro país, que tampoco tienen sindicato. Y hay miles de jubilados también, que después que se jubilan los olvidan. Ellos también quieren pertenecer a un sindicato que se ocupe de sus cosas, un sindicato que desarrolle una política para mejorar las cuestiones de su jubilación, la situación en que ellos se encuentran después de jubilarse. Sabemos también que los sindicatos no tienen representación jurídica en ningún nivel. Un trabajador va a un juicio y no está apoyado por ningún jurista. Ningún jurista de los sindicatos lo asesora. No se ha establecido ningún tipo de apoyo para que estos trabajadores puedan ventilar en un tribunal sus derechos. Eso también vamos a lograrlo, y lo vamos a proyectar.

Vamos a establecer el derecho de huelga. Porque como hablábamos de derechos, en la lucha del obrero en el mundo entero la única arma que tiene es la huelga. Pero siempre cuando se convoca una huelga tiene que ser una convocatoria de mucha responsabilidad; no es una huelga por una huelga, sino una huelga necesaria. Que la huelga dé la razón de las exigencias, y sólo si están agotados todos los recursos de conversación. Esta es la idea que vamos a avanzar. Y esperamos las respuestas, a través de todo el país, de creaciones de organizaciones territoriales de nuestro sindicato, para la defensa de los objetivos.

Al mismo tiempo, damos la oportunidad a todos los trabajadores cubanos que trabajan en diferentes países, de crear comités de solidaridad y apoyo a nuestro sindicato, para que luche por la democratización y por los derechos de los trabajadores cubanos. Esa oportunidad la damos, y entendemos que se la merecen. Porque todos esos cubanos que han tenido que abandonar nuestro país no lo han hecho por sus deseos. Lo han hecho por circunstancias económicas, sociales y políticas.

KEAN: La última pregunta que tengo es ¿qué asistencia podrían darle a su grupo las uniones laborales, por ejemplo en los Estados Unidos, que tienen organizaciones muy grandes y siempre han ayudado mucho a sus colegas en otros países, y también las organizaciones más generalmente humanitarias?

GUTIÉRREZ: ¿Usted se refiere a la AFL-CIO?

KEAN: Por ejemplo.

GUTIÉRREZ: Nosotros sabemos que algo se planteó, no hace mucho, en un congreso en Miami de esta organización. Y creo que uno de los acuerdos que tomaron era desarrollar todo un programa para apoyar y defender la situación de los trabajadores, por los medios que tienen de divulgación, de tribunas, de congresos, allá o en cualquier parte del mundo. Nosotros, cuando hicimos el acta constitutiva de nuestro sindicato, uno de los puntos que señalamos precisamente era que solicitábamos la solidaridad, el reconocimiento, el apoyo de las centrales de las federaciones sindicales del mundo. Y entre esas están incluidas las norteamericanas.

En los Estados Unidos viven muchos cubanos, hay una gran población cubana en los Estados Unidos. Esos cubanos decía yo que son trabajadores. Y claramente tienen su corazón en nuestro país. Ya concretamente de las organizaciones norteamericanas, nosotros pedimos el máximo apoyo, ayuda y solidaridad con nuestro movimiento. Le agradeceríamos que los planteamientos que hicieron en el congreso en Miami lleguen a tener fruto, ya que ahora se ha creado este sindicato en nuestro país, que en aquellos tiempos no existía.

KEAN: Muchas gracias.

GUTIÉRREZ: No, gracias a usted. Saludos a todos los cubanos.

VIII
Mario Chanes de Armas[*]

La Habana, 6 de octubre de 1991

Versión resumida por Christopher Kean, de Freedom House y Of Human Rights, que estuvo presente y grabó una versión completa de la entrevista realizada por Román Orozco, de Diario 16. También participaron Jesús Yanes Pelletier, del Comité Cubano Pro Derechos Humanos, ya entrevistado el día anterior, y Julio Ruiz Pitaluga, ex preso político que cumplió 24 años de prisión.

OROZCO: Si quiere empezamos.¿Nos da su nombre y datos personales?

CHANES: Mario Chanes de Armas. Cumplo 65 años el 25 de octubre.

OROZCO: ¿Cuándo le detienen, y de qué le acusan?

CHANES: A mí me detienen el 17 de julio de 1961. Se me acusa de planes de atentado a Fidel Castro y a Carlos Rafael Rodríguez, y de sabotajes a distintas industrias. Por supuesto, todo eso es totalmente falso; yo no tenía absolutamente nada que ver con esos planes. Fui juzgado y sancionado a 30 años. Sí, es cierto que yo no estaba con lo que era el gobierno —no la revolución, porque una cosa entiendo como la revolución y otra el gobierno— que en ese momento, es más bien ya el comunismo, que se había apoderado del poder, gracias a la traición de Fidel Castro.

Cierto que yo sabía que había bastante descontento; y no solamente descontento, sabía de individuos que pudiera decirse que sí conspiraban. Pero cuando yo incluso estaba con la revolución y daba la vida por ella, nunca me vi en la necesidad de actuar en forma represiva. Me manifestaba, sí, en el centro de trabajo.

OROZCO: ¿Dónde trabajaba?

CHANES: En la Cervecería Polar, una empresa particular. Empecé a trabajar el 1 de mayo de 1959, cuatro meses después del triunfo de la revolución. Y no solamente en el centro de trabajo, sino también en industrias, digamos, en círculos donde se movían revolucionarios, hacíamos comentarios de la

---

[*]Ex preso político que cumplió 30 años de prisión.

21. Mario Chanes de Armas con Christopher Kean y el periodista Román Orozco.

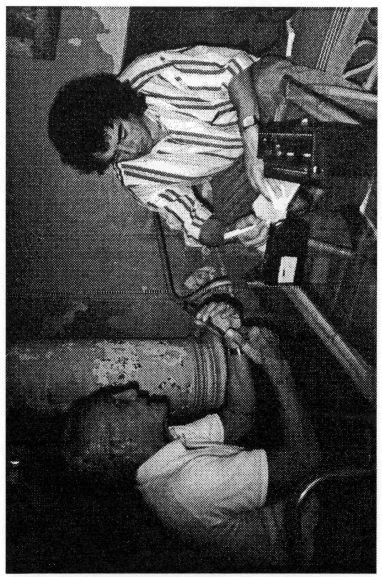

22. **Mario Chanes de Armas, durante la entrevista, con Román Orozco.**

situación en el país, y manifestaba mi desacuerdo con el comunismo. Siempre lo manifesté.

OROZCO: ¿Pero era miembro de alguna organización más o menos clandestina en aquel entonces?

CHANES: No, clandestina no. Yo presidí una organización que se llamaba Agrupación Social Revolucionaria, en el mes de febrero de 1959. Precisamente se funda esa organización en apoyo, digamos, a la revolución, porque creíamos que iba ser algo justo, y merecía la pena que a este pueblo se le diera más consideración por parte de los gobernantes. Estábamos dispuestos a darle todo nuestro apoyo al pueblo. Esa organización la fundamos un grupo de revolucionarios, porque queríamos hacerle un monumento a los compañeros de la célula de Ceiba y Puentes Grandes, caídos en el ataque al Cuartel Moncada, en el grupo que atacamos, el 26 de julio, ese Cuartel.

En estos círculos revolucionarios sí me manifestaba en contra, totalmente en contra del comunismo. Yo sabía que llegaba a los oídos de las más altas figuras del gobierno en aquel momento. Nunca me cuidé, incluso cuando estaba preso, pues creo que lo menos que puede hacer un hombre es manifestar su forma de pensar, cualquiera que sea, tenga o no razón, pero en forma declarativa.

Tengo la seguridad que si fui condenado, no fui condenado solamente porque no era comunista, sino porque, por supuesto, tomé parte en algunos hechos, digamos, históricos, tales como el ataque al Moncada, el presidio con el propio Fidel Castro, la expedición del Granma.

OROZCO: ¿Nos puede decir cómo entró en contacto con el 26 de Julio?

CHANES: Cumo se sabe, el 10 de marzo de 1952 se dió un golpe de estado en Cuba, y la juventud no lo aceptó porque iba en contra de lo constituído por el pueblo, por las leyes.

OROZCO: ¿Entonces, estaba en la Universidad?

CHANES: No, yo siempre he sido trabajador, obrero. Conocí a Fidel por medio de Fernado Chenard Piña, que era jefe de nuestra célula de Ceiba y Puentes Grandes. Ese grupo reconocía como jefe a Chenard y tuve el honor de ser electo segundo jefe en votación secreta entre los compañeros de célula. Nosotros leíamos mucho y conversábamos sobre la obra de Martí. Todos éramos miembros de la Ortodoxia, partido político por el cual Fidel Castro estaba postulado para representante cuando el golpe del 10 de marzo. Calculo que no pasaría un mes cuando Chenard me presenta a Fidel Castro. Los fines de semana, los jefes y segundos jefes de células nos reuníamos con Fidel en el local del Partido Ortodoxo.

OROZCO: Si lo recuerda, ¿cómo fue el primer encuentro con Fidel, de qué hablaron?

CHANES: No con exactitud, han pasado muchos años. Sí puedo decir que era una persona agradable en su trato, comprensivo, en aquel momento. Nos daba la impresión que pudiera ser —no la encarnación de Martí, porque eso sería una ofensa a Martí, pues creo que no ha habido ni habrá cubano que pueda semejarse, ni remotamente, a él— el seguidor verdadero, único de Martí.

OROZCO: Estuvo en el ataque al Moncada?

CHANES: Sí.

OROZCO: ¿Y cómo fue el juicio, la condena, todo eso?

CHANES: El juicio prácticamente estaba arreglado.

OROZCO: ¿A cuántos años los condenaron?

CHANES: A Fidel lo condenaron a 15 años, habiendo aceptado la jefatura del Movimiento. Otro compañero fue condenado a 13 años, 22 fuimos condenados a 10 años, 3 que no tomaron parte en el asalto fueron condenados a 3 años y las 2 mujeres a 7 meses de prisión.

OROZCO: ¿Cuánto cumplieron de esa condena?

CHANES: Sólo cumplimos 21 meses y 15 días.

OROZCO: ¿En Isla de Pinos o dónde?

CHANES: Sí, en lo que era el hospital de ese presidio cerraron un pedazo para aislarnos del resto del personal y allí permanecimos hasta el 15 de marzo de 1955, en que recibimos la amnistía.

OROZCO: ¿Usted intervino también en la expedición del Granma?

CHANES: Como se sabe, en la madrugada del 25 de noviembre salimos de México para Cuba y desembarcamos el 2 de diciembre. Al Granma, casi fueron a buscarlo. Estuvimos juntos los 82 expedicionarios hasta el desembarco, pero ese mismo día se extraviaron unos cuantos compañeros que luego vuelven a juntarse el día 4, en que nos juntamos todos. Llega el día 5, que es el del combate de La Alegría, en que nos sorprendió el ejército. Yo me encargué de sacar a algunos compañeros de allí y quedé a cargo de ellos. También fue un desastre con ellos porque nunca pudimos llegar a lo que era la Sierra, porque nos desviamos. Prácticamente empezamos a retroceder, sin darnos cuenta y poco más que llegamos al lugar del desembarco otra vez esos compañeros y yo. Tuvimos que desistir de la Sierra porque estábamos muy encerrados, muy bloqueados dentro de aquel cerco. Decidimos volver a La Habana, hice contacto con el movimiento y decidí funcionar en el clandestinaje aquí en La Habana.

OROZCO: Ya cuando triunfa la Revolucion, ¿por qué no siguió en el gobierno, trabajando para empresas gubernamentales en vez de irse a la empresa privada?

CHANES: Yo siempre estuve comentando eso con los compañeros míos en la clandestinidad, pues yo creía que íbamos a triunfar a pesar de que la represión, sobre todo aquí, en el clandestinaje, era muy violenta. Nos estaban matando a muchos compañeros. Creo que es más peligroso trabajar en la clandestinidad, en las ciudades, que estar alzado, no por quitar el mérito a los alzados, pero en las ciudades se corrió mucho más peligro. Era más peligroso porque tenían más recursos para podernos perseguir.

Y yo siempre les decía a esos compañeros que una vez que triunfara la Revolución yo estaba en la mejor disposición de ayudar y cooperar, pero que nunca pensaba quedarme trabajando en ningún ministerio ni en las fuerzas armadas, que trataría de reintegrarme a la vida normal como cualquier trabajador. Me parece que así lo hice con el tiempo.

OROZCO: ¿Y eso por alguna razón ideológica?

CHANES: Sí, yo pensaba que aquí en Cuba ha habido otras revoluciones, y desgraciadamente muchos líderes revolucionarios, digamos del 1930, fueron muy revolucionarios, pero después se convirtieron en *gangsters* y asaltadores del Estado, del poder. Y pensaba que no se hacía una revolución, asaltando un cuartel, para asaltar luego el poder. Que tenía que venir un proceso normal, como se vivía antes, de elecciones donde el pueblo eligiera sus gobernantes. Por supuesto, todo eso se perdió.

OROZCO: ¿Entró en la Cervecería en mayo de 1960, no?

CHANES: En el mismo 1959. Allí estuve hasta el 17 de julio de 1961.

OROZCO: Pero yo he leído alguna vez, no sé si lo ha reconocido o lo han escrito, que usted sencillamente empezó actividades de oposición.

CHANES: No, actividades directas no. Manifestaciones sí, me manifestaba en contra ya a fines del año 1960. Sobre todo, mire, cuando empiezan aquí a intervenir la prensa, yo decía que yo me oponía totalmente a que se interviniera la prensa, porque si nosotros defendíamos tanto el derecho que tenía la prensa a ser libre cuando combatimos a Batista, ese mismo derecho teníamos que dárselo a todo el que no estuviera de acuerdo con la Revolución. Siempre lo dije, que la prensa tenía que ser libre, no controlada por el Estado.

Hubo un periódico, digamos, como [*El Diario de*] *la Marina*. Nosotros teníamos un concepto no muy agradable de *la Marina*, ya desde cuando Martí. Y yo decía que *la Marina* tenía el derecho a manifestarse, y que incluso nos ayudaba mucho que fuera un periódico de oposición. Porque si ellos, por ejemplo, sabían de algún ministerio, de algún ministro de éstos que estuviese haciendo algo mal hecho, como defraudar, robar, lo correcto es que lo dijeran y nosotros debíamos darle las gracias a ese periódico, y que aquel ministro fuera a la cárcel. Porque no se hacía una revolución, para asaltar el poder. Porque muchos compañeros jóvenes murieron, dieron la vida por esa revolución.

OROZCO: Entonces, en mayo de 1959 entró en La Polar, y el 17 de julio ya lo detienen?

CHANES: No, en 1961. Y nada de lo que fui acusado es cierto. Lo que es cierto es que yo siempre me he manifestado en contra del comunismo, y tampoco estuve de acuerdo cuando empezaron a intervenir las empresas privadas.

OROZCO: Ya el juicio celebrado y todo eso ¿cuándo ingresa en la prisión y qué prisión es la primera?

CHANES: Yo fui detenido, como ya dije, el 17 de julio de 1961, y donde primero me llevan es a una casa que antiguamente era una residencia adonde se llevaba a ciertos prisioneros para ser interrogados. Yo no fui maltratado, pero otros compañeros sí fueron bastante maltratados. Se le llamaba "cabañita" a ese tipo de prisión.

OROZCO: ¿En qué zona de La Habana fue eso?

CHANES: Yo no sé si sería por el Laguito. Tiene que ser un lugar parecido porque se oía con poca frecuencia una máquina, o una guagua. Pero no estoy seguro; no se veía nada. Después fui trasladado para Quinta y Catorce, y de Quinta y Catorce para La Cabaña.

OROZCO: ¿Quinta y Catorce es donde estaba el Ministerio del Interior?

YANES: El G-2 donde estaba el primer cuartel de la Seguridad del Estado. Se llamaba G-2.

CHANES: Me instruyeron de cargos en la Cabaña, creo que a principios de 1962. Esa fue una causa bastante alocada, porque yo sólo conocía del personal que estaba preso, 6 ó 7 de La Polar, y 1 ó 2 personas más que no trabajaban en La Polar. Pero el resto, que eran más o menos hasta 20 ó 30, no recuerdo con exactitud, yo no los conocía.

OROZCO: ¿Cuántos eran en total en esa causa?

CHANES: Como 20 hombres y 2 mujeres. Yo no los conocía excepto los que le dije, 6 ó 7 que eran del sector donde yo trabajaba.

OROZCO: ¿Y todos tienen la misma condena, o no?

CHANES: Tengo entendido que todos fueron condenados a 20 años, excepto las 2 mujeres, que fueron condenadas no sé si a 9 o a 12 años, y yo que fui condenado a 30.

OROZCO: ¿Y cuándo sale?

CHANES: El 16 de julio de 1991, 30 años después.

OROZCO: En esos treinta años ¿cuántas cárceles ha visitado?

CHANES: Bueno, estuve en La Cabaña, en Isla de Pinos. En La Cabaña estuve en casi todas las galeras en distintas oportunidades. En Isla de Pinos estuve en las cuatro circulares. Estuve tres veces en la Circular 4.

OROZCO: ¿En qué más prisiones estuvo?

CHANES: Estuve en Sandino 3, en Pinar del Río; en los calabozos de Guanes; y en la Cárcel de Pinar del Río.

OROZCO: ¿Donde está Guanes?

CHANES: En lo último de Pinar del Río.

YANES: El punto más occidental de Cuba.

CHANES: En Guanes estuve castigado, en estado de soledad. Fui trasladado, castigado también, para Cinco y Medio, que es la Cárcel de Pinar del Río. De allí otra vez a La Cabaña, y de La Cabaña a Guanajay, cerca de La Habana, después de una huelga que se dio en La Cabaña.

OROZCO: ¿Cómo era la vida en las cárceles? ¿Lo maltrataron?

CHANES: Por ejemplo en Isla de Pinos, del año 1964 a 1967, en que se termina el presidio político en Isla de Pinos, rigió el Plan Camilo Cienfuegos, un plan de trabajo forzado que se podía considerar peor que el que tenían los esclavos en Cuba. Porque a los esclavos se les daba una barraca, se les daba su alimentación, su ropa, y se les cuidaba cuando se enfermaban. Con el Plan Camilo Cienfuegos se salía a trabajar al campo por la mañana, a primera hora, todavía el sol no había salido, y regresábamos por la noche cuando, muchas veces, ya la luna estaba fuera. Cuando salíamos no sabíamos si íbamos a regresar o no. Incluso allí hubo varios compañeros que fueron asesinados en los campos de trabajo.

OROZCO: ¿Vió algún caso de asesinato?

CHANES: No los vi, pero sí conocí personalmente a los caídos. Cayó "El Chino" (Julio) Tan, Paco Dopico, Ernesto Díaz Madruga. Vi caer a alguien de un disparo cerca de mí, a unos metros. En la zona donde siempre trabajábamos, estábamos rodeados por militares armados. Por gusto, dentro del cerco le dispararon. Era uno de los más jóvenes que estaba en el bloque. No sé cómo se llamaba pero quedó paralítico.

OROZCO: ¿Qué tipo de trabajo hacían allí?

CHANES: Era agrícola y en las canteras de mármol; pero sobre todo el trabajo era agrícola, en el campo.

OROZCO: Y allí ¿Se "plantó" allí y no quiso seguir trabajando?

CHANES: No, no. Allí hubo un solo preso que no trabajó, que era [Alfredo] Izaguirre Rivas. El resto trabajaba. Era trabajo forzado, costó mucho golpe, mucha sangre, por la resistencia que se hacía al trabajo. Pero la represión era brutal. Incluso a veces era sistemática, para infundir el terror entre los presos. A primera hora de la mañana venían a buscarnos a las circulares, llegaban y decían: "¡Todo el personal para la planta baja! ¡Cinco minutos para que estén en la planta baja!" Y allí estaban preparados los militares. No llegaba ni a dos minutos: mil y pico de hombres no pueden bajar por una sola escalera en cinco minutos, mucho menos en dos y entraban a la prisión a dar golpes a todo el mundo sin decir si le daban golpes a un preso determinado; hasta a los médicos; yo vi un médico una vez bajando la escalera brutalmente golpeado.

OROZCO: En esos 30 años ¿cuál fue el momento de peor trato?

CHANES: El más salvaje, el más brutal e inhumano fue Isla de Pinos, en el Plan Camilo Cienfuegos.

OROZCO: Luego ¿notó que el trato mejoró?

CHANES: Hubo un cambio en el año setenta y pico. Bajó un poco la tensión con los presos, trataron de mejorar un poco el trato. Pero vuelven otra vez momentos trágicos, demasiada golpeadura aquí en La Habana, en La Cabaña. Por ejemplo, hacían el recuento por la mañana con requisa y en el momento que hacían el recuento, dos hombres salían de las galeras y había una puerta, y dos militares con las bayonetas dando "a troche y moche" a todo el que pasaba por allí. La gente tenía que pasar corriendo. Eso sucedía aquí en La Habana.

OROZCO: Digamos, en la última década, por ejemplo en los años ochenta ¿ha visto que se haya seguido el mismo trato de golpear?

CHANES: No, se ha suavizado un poco. Pero en el año 1981 tuvimos en el Combinado la última visita, el día 9 de marzo de 1981. El día siguiente llegó el director y nos comunicó que teníamos que aceptar el reglamento de los presos comunes, incluso el uniforme de los presos comunes.

OROZCO: Usted no había llevado uniforme hasta ese momento.

CHANES: Sí. Que de no aceptar seríamos castigados. Perderíamos derecho a la visita, a la correspondencia, al patio para ver el sol, ya que sólo podíamos ver el sol tres días a la semana. Que no tendríamos derecho a ser llevados a los hospitales de la calle, en caso de enfermedad. Que estaríamos viviendo en un sistema de "máximo rigor," como le llamaban ellos, es decir las 24 horas encerrados en la celda. Déjeme decirle que en el año 1979, después que terminaron los indultos —eso terminó en el año 1978 ó 1979— donde fueron indultados tres mil y pico de presos políticos, nos quedamos presos unos doscientos o trescientos y pico de hombres. Fuimos divididos en el año 1979, por allá por el 24 de julio y ciento y pico de compañeros fueron trasladados para Oriente, para la Cárcel Provincial de Boniato. Entre ellos estaba Pitaluga, un compañero que cumplió 24 años en la prisión.

OROZCO: ¿Cómo se llama?

CHANES: El compañero ese se llama Julio Ruiz Pitaluga. Nosotros permanecíamos 24 horas encerrados como le dije. Ahora, este grupo de compañeros que llevaron para Oriente sufrió una cárcel más rigurosa porque ellos estaban no solamente las 24 horas dentro de la celda, sino que las celdas de ellos estaban tapiadas.

OROZCO: Totalmente oscuras.

CHANES: Sí, totalmente tapiadas. En algún momento quizás se lo explica él. Seis años, cuatro meses y unos días estuvimos en esa situación aquí. Es decir, la última visita, la tuve en La Habana el 9 de marzo de 1981, y no fue hasta el 11 de julio de 1987, que tuvimos la próxima visita.

OROZCO: ¿Quién le visitaba? ¿Tiene familia, está casado?

CHANES: En aquel momento yo lo había perdido prácticamente todo. A nosotros se nos comunicó, el 19 de marzo, que mi madre había fallecido el 6 de ese mismo mes de marzo de 1981. Pude verla por última vez porque todavía la visita no nos la habían suspendido.

OROZCO: ¿Y llegó a casarse, a tener hijos?

CHANES: Sí. Yo me casé cinco meses antes de ser detenido. Mi esposa quedó embarazada el mes antes, o sea en junio de 1961. Mi hijo nació estando yo ya en Isla de Pinos.

OROZCO: ¿Cómo se llama?

CHANES: Se llamaba Mario Chanes Martín.

OROZCO: ¿Y su esposa?

CHANES: Se llama Caridad. Era mi esposa, pues estamos divorciados. Caridad Martín de apellido.

OROZCO: ¿Se divorciaron estando ya en la cárcel?

CHANES: Sí.

OROZCO: ¿Pero muy al principio, o más tarde?

CHANES: No, no. Por el año 1965 más o menos le pedí el divorcio, pensando que, como iba ser un presidio muy largo, quería que se cuidara más ella, y le recomendé incluso que se casara.

OROZCO: ¿Y qué pasó con su hijo?

CHANES: Él murió estando nosotros castigados, en el año 1984. Tenía 22 años, y falleció después de operarse de adenoides, una operación que se le hace generalmente a los niños. Pero en la prisión me decían que hubo un problema con la anestesia. Supongo que haya sido un descuido.

OROZCO: Y ahora fallecieron sus padres, su hijo, se divorció. ¿No tiene familiares en Cuba? ¿O tiene hermanos, primos?

CHANES: Sí, primos. Me visitaba, por ejemplo, mi primo hermano, desde fines de 1979 hasta que me suspendieron las visitas. Volvió después a visitarme. Manteníamos alguna correspondencia por notas clandestinas que se sacaban e infiltraban, no teníamos otra forma para decirnos cómo estábamos, y las situaciones que estábamos pasando.

OROZCO: ¿Tiene familiares en Miami?

CHANES: Yo tengo prácticamente toda mi familia en Miami, pero principalmente mis cuatro hermanas. Tres viven en Miami, una vive en New Jersey, pero creo que en este momento está viviendo con la hija, también en Miami. Entonces las cuatro están en Miami.

OROZCO: ¿Hermanos no tenía?

CHANES: Yo tuve un hermano, Paco, en la misma cárcel que yo, condenado a 20 años. Cuando estábamos en esta situación, que lo teníamos todo suspendido, estábamos castigados, él cumple su condena el 16 de julio de 1981. Pero en ese momento, si cumplía tenía que vestirse de preso común, y tanto mi hermano como quizás 10 ó 15 compañeros, se quedaron hasta el año 1984, cuando vino Jessie Jackson, se llevó a los americanos que estaban presos y también a todo el personal que ya había cumplido, pero que no habían soltado porque no aceptaban vestirse como presos comunes.

YANES: Es importante que se aclare bien esto para que se vea cómo funciona la ley en Cuba. No es posible que a un individuo que ha cumplido su condena se le deje durante 1, 2 ó 3 años preso, sencillamente porque le da la gana al gobierno.

OROZCO: ¿Él estuvo 3 años?

YANES: 3 años, desde 1981 hasta 1984.

CHANES: La misma situación la tenían un grupo de compañeros que estaban en Boniato, Oriente. También Jessie Jackson logró su libertad.

OROZCO: ¿Él está viviendo ahora en Miami?

CHANES: Mi hermano murió en los Estados Unidos. Desde 1984, estaba viviendo allí con su hijo y el resto de la familia, pero se enfermó y murió el 28 de enero de 1990. No nos vimos, después que salió.

OROZCO: Una cosa de la que se ha especulado mucho. Yo he estado en Miami y he visto muchas fotografías de cuando estaba todavía en la cárcel. ¿No ha pensado en ningún momento irse a vivir en Miami?

CHANES: Si de mí dependiera, yo me quedaría aquí. Pero de la misma forma que uno tiene compromiso con la patria, lo tiene también con la familia. El deber que tenemos es primero con la familia, y después con la patria. Creo que tienen derecho mis hermanas. Dos de ellas hace veinte y pico de años largos que no nos vemos. Ahora, el 28 de febrero, estuvo aquí mi hermana, Belén, que hacía 30 años que no nos veíamos.

OROZCO: Sus hermanas ¿cuándo se marchan?

CHANES: Belén se va al principio cuando fui detenido, en 1961. Después le siguió mi hermana Tota, la otra es Aleida y Mercedes. Son las cuatro hermanas.

OROZCO: ¿Cuándo se va Tota?

CHANES: Tota, yo no recuerdo con exactitud, pero yo creo que siguió a Belén poco tiempo después. Los esposos de mis hermanas todos trabajaban en el giro cervecero.

OROZCO: ¿Y ellas viven bien ahora en Miami, han hecho algo en dinero?

CHANES: Yo supongo que por lo menos viven decentemente.

OROZCO: ¿A usted le enviaban cosas, ropas, libros? Dinero no sé si lo podían enviar.

CHANES: No, no, ni nunca quise que mandaran. Ellos, si hacía falta, si se mandaba a pedir, mandaban medicinas y siempre se han brindado para todo lo que hiciera falta. Pero hubo la consideración de que era muy costosa la vida de ellos, para hacer gastos innecesarios.

OROZCO: ¿Cuándo tiene planeado marchar a Miami? ¿Ha solicitado pasaporte, está en trámite?

CHANES: Yo tengo la entrada autorizada, tengo entendido, por el señor Presidente de Estados Unidos. Tengo entrada a ese país.

OROZCO: ¿Desde cuándo?

CHANES: Al salir de la prisión. Pero ha sucedido lo siguiente. Estuve en Inmigración y me dieron el pasaporte, si mal no recuerdo, el día 5 de agosto y me informaron que el permiso de salida, o tarjeta blanca, como dicen, tenía una tramitación que duraría posiblemente entre 30 y 35 días.

Cuando más o menos se cumplió el plazo, me presenté a Inmigración. Me entrevisté con una militar que me atendió en aquella ocasión, y le expliqué que según me habían explicado allí, el permiso de salida tomaría entre 30 y 35 días, y que debía estar listo.

Ella me respondió que no, que era entre 30 y 45 días, pero que en el caso mío era distinto, que yo tenía que esperar más. Le pregunté que cual era la razón, porque yo, me consideraba un ciudadano igual que los demás. Que yo había sido condenado y había cumplido la condena y que hasta ese momento, yo no estaba sujeto a ninguna causa.

Ella me dijo que esa era mi opinión, pero que no era así, que yo tenía que esperar, que personalmente, el caso mío ella lo habló con su superior. Le dije que su superior, era el Ministerio del Interior. Me dijo que no, que era su superior. Entonces le dije que su superior pertenecía al Ministerio del Interior pues Inmigración era un departamento del Ministerio del Interior. Ella me reconoció que sí, pero que no tenía ninguna cosa que informarme, que cuando tuviera alguna otra cosa que decirme me mandaría a buscar.

Y le di las gracias por esa amabilidad, pero por supuesto sería además una pérdida de tiempo, puesto que no se me informaba de nada ni se me decía nada hasta que llegase el momento. O sea que me parece que no soy un ciudadano ni de segunda ni de tercera. ¿Es posible que sea un ciudadano de cuarta categoría en este país?

OROZCO: ¿Nunca usó el uniforme de preso común?

CHANES: No, de común no. Había un uniforme que distinguía entre el preso político "plantado" y el preso político que estaba en el Plan de

Reeducación, y el uniforme era azul, pero se viraba la camisa. O sea, se distinguía entre uno y el otro. Había el preso político que estaba en el Plan de Reeducación, vestido de azul, y había otro que estaba "plantado".

OROZCO: ¿Qué diferencia había entre el que estaba en Reeducación y el que estaba "plantado"?

CHANES: Reeducación prácticamente era una renuncia a sus principios, sus ideas. No quiero decir que fueran, en el orden personal, ni mejor ni peor que nosotros los que estábamos "plantados". Magníficos compañeros, muy valientes. Muchos de ellos estaban, incluso, alzados contra este sistema y alzados en el otro y también, en la clandestinidad en el otro y en la clandestinidad en éste. Pero bueno, por razones que nosotros no tenemos derecho ni siquiera a discutir, razones personales que siempre nosotros respetamos mucho, se acogen al Plan de Reeducación.

OROZCO: En esos años en la cárcel ¿qué pudo leer allí? ¿Leía libros, revistas, pudo estudiar algo?

CHANES: Sí, es un poco difícil, mire. Las requisas siempre han sido muy violentas y bastante constantes. Le puedo decir que yo estuve en Isla de Pinos en las cuatro circulares, y en una de ellas estuve tres veces. Ya puede imaginarse los cambios esos.

OROZCO: ¿Cambiaban para qué?

CHANES: Para que no pudiésemos mantener contactos, grupos, organizaciones; siempre que había un traslado o una requisa, el preso perdía muchas de sus pertenencias. Los libros siempre fueron bastante perseguidos, específicamente la Biblia, libros de estudio.

YANES: Hubo una época en Isla de Pinos, cuando yo llegué, en el año 1960, finales de 1960, que le costaba ir a los pabellones de castigo al que le agarraran en su celda un pedazo de periódico, una revista, un libro, cualquier cosa de esas. O sea, estuvo durante un tiempo prohibido. Y abrieron la entrada de libros y revistas en Isla de Pinos en el año 1962, o principios de 1963. Empezaron a dejar pasar las revistas y todo el material que venía de los países socialistas ¿te acuerdas? Las revistas de Rumanía, Hungría, Polonia, China, Unión Soviética, y eso fue lo primero que empezamos a leer. Y ya de ahí, entonces, empezaron a dejar pasar libros de estudio, diccionarios y toda una serie de cosas.

OROZCO: ¿Y le gustó estudiar alguna cosa en los años esos?

CHANES: Siempre estuve tratando de hacerlo. El preso, en general, lee, estudia mucho pero con muchas dificultades. Había mucha presión. Cuando llegaba, después de estar trabajando en un campo de trabajo forzado, donde acaban de coger al compañero suyo y prácticamente asesinarlo, pasarle la bayoneta por el muslo sin que usted pueda hacer nada por él, ya no está muy dispuesto para ponerse a leer y a estudiar cuando llega a la circular.

A veces se llegaba y no alcanzaba la comida y como no alcanzaba, nos quedábamos sin ella. No siempre, pero nos quedábamos hambrientos. Y no solamente eso, sino que la alimentación era muy pobre.

A veces conseguía algún libro de inglés, de francés, de italiano. Estaba estudiando con algún compañero, pero lo que ocurría era lo siguiente: venía una requisa y perdía el libro, o venía un traslado y perdía el compañero.

OROZCO: ¿Aprendió algún idioma allí?

CHANES: Bueno, yo no aprendí, como para decir que lo sepa. Pero sí he estudiado varios idiomas. Aprendí un poco de francés y un poco de inglés. Inglés estudié, y alemán. En este momento del alemán no recuerdo absolutamente nada.

OROZCO: ¿Quién le daba clases de esos idiomas?

CHANES: Compañeros que venían, que ya tenían alguna facilidad. El italiano se me ha mantenido, y el portugués es algo igual que el español. El inglés, sabía un poquito, no mucho.

OROZCO: Entonces tiene cuatro o cinco idiomas que podría entender.

CHANES: Bueno, yo leo el inglés, pero hablarlo es más difícil. El francés me gustó mucho, tuve tres libros de La Alianza durante muchos años.

OROZCO: ¿Tenía tres libros de La Alianza?

CHANES: Sí, los libros se llaman así, Curso de la Alianza, primero, segundo y tercero. Yo los pude estudiar, pero con mucho trabajo. En el campo, a veces me llevaba la lección que yo tenía en ese instante, y a veces tenía el trabajo interrumpido por esas cosas que le estoy diciendo, de brutalidad, que se hacían en el campo, y en ese estado no se puede avanzar mucho. Pero siempre hemos tratado de superarnos. Estudié algo de contabilidad, de literatura, contabilidad, matemática, pero muy elemental.

OROZCO: ¿Qué autores ha leído que le hayan gustado?

CHANES: Mire, en inglés me gusta mucho Michener. Es mi preferido. He leído muchas obras de Michener en inglés, y me han encantado. Pude leer Iberia, y Al Sur de... ahora no recuerdo bien, pero hablábamos mucho de ese libro. Me gusta mucho Victor Hugo.

OROZCO: ¿Ha leído en francés?

CHANES: En francés he leído algo, pero poco. Es que se perdían. Por ejemplo, yo tenía los tres libros de La Alianza. Yo los guardaba, porque a veces ayudaba a otros compañeros. ¿Pero qué sucede? En el año 1987, el personal que estaba en Oriente, entre otros Pitaluga, y que le estaba explicando las situaciones tan difíciles que tenían ellos allí, más difíciles que las nuestras, ese personal que estaban allí condenados, los trasladaron de Oriente.

Nosotros estábamos aquí en el Edificio 2. Pero el mismo día, el 13 de mayo, creo que fue, de 1987, nos informan el día anterior que vamos a ser trasladados para el Edificio 1. Y entonces, estando nosotros en el comedor ya, trasladados del Edificio 2, llegó el personal de Oriente estando nosotros en el comedor. Y fuimos trasladados para distintas celdas del cuarto piso, ala norte, del Edificio 1, junto con todo el personal que estaba en Oriente.

Allí en marzo, creo que fue el 26 de marzo, los compañeros descubrieron que en el techo tenían puestos unos pequeñitos micrófonos.

KEAN: Esto me lo contó Ernesto Díaz [ex preso político].

CHANES: En la misma celda donde vivía Ernesto, en marzo de 1988, hubo un compañero que se había mudado de cama. Le cae una gotera, y él trata, con jabón, de tapar la goterita que le caía en la cama. Pues descubrió un alambrito, y cuando sacó el alambrito salió un micrófono. Se suponía que las demás celdas también tenían micrófono, y así fue. Las cuatro celdas, más lo que era el botiquín, hasta donde llegaba esa hilera, en todas las celdas había micrófonos.

Y todos los micrófonos esos se sacaron, 15 micrófonos se sacaron. Se le mandaron después, cuando hubo la oportunidad, a [Armando] Valladares, que los presentó creo que en Ginebra ante la reunión de derechos humanos.

Como represalia, por supuesto, dos o tres días después, vino un traslado, traslado y requisa en la prisión; y esa requisa la efectuó el personal médico del Combinado del Este. No pude identificar ningún militar que tomó parte en esa requisa, pero esos médicos que tomaron parte en esa requisa son militares, y reciben órdenes. Yo he conversado con bastantes médicos en el Combinado, y se sentían apenados de las condiciones de nosotros.

OROZCO: ¿Y qué es lo que les hicieron?

CHANES: Bueno, allí a los hombres nos encueraban, porque buscaban esos micrófonos.

OROZCO: ¿Los micrófonos eran soviéticos?

CHANES: Creo que todo eso era material soviético. De esos 15 micrófonos algunos salieron para afuera, e incluso estando nosotros ya trasladados al Edificio 3, después de esa famosa requisa, algunos compañeros los tenían dentro de su cuerpo de alguna forma.

OROZCO: ¿Pero ellos los revisaron todo, la boca, las orejas?

CHANES: Sí.

OROZCO: El micrófono ¿de qué tamaño era?

CHANES: Era pequeñito.

YANES: Del tamaño de una aspirina.

OROZCO: ¿Y no saben la marca?

YANES: Algunos creían que venían de Panamá.

CHANES: Era una cosita más o menos (del tamaño de la goma de un lápiz), pudiera ser una cosita más o menos así.

OROZCO: ¿Pero la marca era Sony, por ejemplo?

CHANES: No, no, la marca yo no la recuerdo.

RUIZ PITALUGA: Incluso, se mandaron para que analizaran de donde eran.

OROZCO: ¿Qué categorías de prisioneros había?

CHANES: Deje ver si me puedo explicar. En el presidio hay un momento que hay las siguientes posiciones: preso político "plantado", vestido de azul; preso político "plantado", vestido con el uniforme amarillo, que fue el primer uniforme que recibíamos cuando caíamos presos a partir ya de 1959. Ese mismo uniforme que se daba a los presos era el que usaba el ejercito anterior, de Batista. Esa ropa la utilizaban para dársela a los presos.

OROZCO: ¿La utilizaba el ejército para vestir los soldados?

CHANES: Precisamente, esa era. Le repito: había preso político en el Plan, vestido de azul; preso político no en el Plan, "plantado", vestido de azul; preso político "plantado" vestido de amarillo que era el primer uniforme; y preso político "plantado", en calzoncillos. Había distintas posiciones. Los "plantados" más o menos siempre actuaban igual, no había diferencia entre los grupos, excepto los del Plan.

OROZCO: ¿Usted estaba en esta última categoría?

CHANES: A última hora, estuvimos en calzoncillos desde que nos quitaron el uniforme amarillo, que fue el 19 de marzo de 1981, hasta última hora, se nos consideraba en calzoncillos. No estaba autorizado, pero sí permitido, que usáramos las payamas. Estuvo el personal tolerando esa situación, porque de lo contrario tendríamos que volver de nuevo al calzoncillo y era de la única forma que podríamos tener visita. Y a ellos les convenía que tuviéramos visita porque venía de nuevo otro plan de indultos, que fue a partir de 1987, cuando el gobierno norteamericano hizo una gestión y se llevaron a todos los presos, excepto a última hora que nos quedamos 7, y de los 7, pues quedaban 4 excluidos.

OROZCO: ¿Ha hecho ejercicio físico en la cárcel?

CHANES: Sí, siempre traté de hacer ejercicio. Eso lo hace mucho el preso. Incluso estando castigado, digamos, en la celda de castigo, tapiada, siempre el preso ha tratado de hacerlo para mantenerse, y para aliviar el aburrimiento de las horas que, cuando uno sobre todo está solo, tapiado, no caminan muy rápido. Por mucho que quiera el día tiene 24 horas, o sea, no tiene qué leer, no tiene nada. Se pone a practicar mentalmente cualquier idioma, a tratar de recordar el vocabulario. Pero es muy difícil.

OROZCO: ¿Qué tipo de ejercicio hacía?

CHANES: Plancha, calistenia, y bueno, lo que se pudiera hacer.

OROZCO: ¿Tuvo enfermedades que fueron especialmente graves?

CHANES: Coriza que cogí en La Cabaña, en el setenta y pico.

OROZCO: ¿La coriza?

CHANES: Le llaman, en inglés *runny nose*, la nariz tupida. Se la pasa uno estornudando, y se convierte en algo alérgico. Y he tenido muchos problemas de digestión y otros.

OROZCO: ¿Cómo era la alimentación?

CHANES: La alimentación ha tenido sus altas y sus bajas, pero más bien siempre ha estado muy baja, en general, muy mala en calidad y cantidad. Últimamente, a los presos políticos "plantados" la alimentación se ha mejorado. Sobre todo al político "plantado", no al que está en el Plan.

OROZCO: ¿Qué daban?

CHANES: La alimentación, principalmente, hubo un momento en que era harina, que los sacos decían por fuera "Alimento para Animales", o sea para ganado o algo por el estilo. Nadie se la podía comer, pero te la tenías que comer porque te morías de hambre.

YANES: Era la época de Isla de Pinos ¿no?

CHANES: El macarrón casi siempre ha sido el principal alimento, pero muy poquito. Pero carne, eso no.

YANES: Hubo un grano que desconocíamos ¿te acuerdas? que se llamaba "guanina", que se había comprado para el ganado, para los animales. Los animales lo rechazaron y nos empezaron a dar ese grano a nosotros, que no era chícharo, no era lenteja, no era frijol. Era un grano que sabía un poco, yo recuerdo así en la mente, a hipecacuana.

OROZCO: Ahora últimamente, dice que ha mejorado un poco en los últimos meses. ¿Qué le daban de desayuno, de almuerzo y de cena? Un día normal.

CHANES: Un día normal, no para todos, no para todo el mundo, para los "plantados", pudiera ser arroz, pudiera ser potaje. Tiene su variación el potaje, algunas veces era aceptable, otras veces no había quien se lo comiera. Te daban proteína, estaban dando bastante más de lo que daban normalmente. Pero esa no es la alimentación del presidio. Eso incluso se mantuvo para los últimos que estuvimos, los últimos 4 compañeros que quedábamos. Ese alimento ha tenido sus días que prácticamente era inaceptable, tanto por la calidad como la cantidad.

OROZCO: Dos cositas nada más. En algún momento de esos treinta años ¿pensó que no iba a cumplir los 30 años, que lo iban a liberar, que iba a salir, o siempre pensaba que iba a estar allí hasta el final?

CHANES: Yo nunca pensé que iba a estar los 30 años. Primero porque, por regla general, ningún preso político ha cumplido en Cuba su condena. Por ejemplo en la época de Batista en el Moncada hubo más de 20 militares muertos en combate con nosotros; sin embargo, sólo cumplimos 21 meses y

15 días. No solamente en Cuba; no sé de nadie que haya cumplido treinta años. Podían darse muchas cosas: primero, que hubiese un indulto o una amnistía; que hubiese una revuelta, un accidente imprevisto que suceden. Pero siempre pensé que mientras estuviese Fidel en el poder y quedara algún preso excluido de indulto, o de amnistía, yo iba estar entre ellos.

OROZCO: ¿Por alguna manía personal de Fidel en contra suya?

CHANES: Para mí, yo suponía, y creo que ya ha quedado demostrado, que fue injusto por lo que yo fui condenado, que cumpliera 30 años sin haber matado a nadie, sin haber herido a nadie, no pertenecía a ninguna organización clandestina, no estaba alzado, no se me ocuparon armas, no se ocupó dinamita, nada. Nada que pudieran decir: "Mira, Mario iba a hacer algún sabotaje," Absolutamente nada. Bastó que lo dijera el gobierno —¿basado en qué? no lo sé— para que tuviese que cumplir los 30 años.

OROZCO: ¿Conoce en otros países algún preso político que haya cumplido 30 años?

CHANES: Que yo sepa, no. Que yo sepa, en el caso de Rusia, quizás.

YANES: En Cuba jamás, jamás.

CHANES: En América jamás. En el mundo no sé, no sé si por razones políticas habrá cumplido alguien 30 años.

OROZCO: Cuando sale de la cárcel ¿es del Combinado de Este?

CHANES: Sí, salí del Combinado.

OROZCO: Quería que me grabara, para un compañero de la radio una opinión suya de lo que puede traer el IV Congreso, qué novedades, qué cambios.

CHANES: Creo sinceramente que el IV Congreso no va a aportar nada sustancial a la situación, yo no le diría difícil sino caótica, que está pasando el pueblo cubano. Ustedes, yo no sé el tiempo que llevan en Cuba, no sé si van a la calle, pero tengo la seguridad de que han visto la situación del pueblo cubano. Tengo la seguridad que están convencidos de que la alimentación de nuestro pueblo no es la que ustedes reciben. No que ustedes no la merezcan; ustedes merecen eso, y más todavía. Pero el pueblo nuestro también lo merece.

El pueblo nuestro se pasa el día corriendo con una jabita. Cuando no es el pedacito de pan, es el pedacito de tal cosa, la vianda, que si vino el platanito, que si llegó el pescado, que no llegó hoy pero llega mañana. Que te toca tal cosa pero no hay, no hay jabón, no hay aceite, no hay grasa, no hay comida, aquí no hay absolutamente nada. De ahí, de ese congreso no va a salir nada, ni siquiera de orden político. Es posible que haya algún ajuste —reestructuración, digamos— en algunas organizaciones, principalmente del Partido. Pero no creo que de ahí se le ofrezca nada al pueblo que lo vaya a beneficiar, más bien si le dicen algo al pueblo será: "¡Más sacrificio!" Esta situación, sobre todo después que ha habido los cambios en Europa del Este, se ha agudizado. No le veo forma de mejorar nada. Si cuando tenían la subvención de los tantos millones diarios —creo que pasaban de diez— de la Unión Soviética, la situación ha ido cada vez empeorando ¿qué aspiraciones puede tener este pueblo de que haya una mejoría? ¿Qué aspiraciones puede tener este pueblo, al que se le ha negado una y mil veces, y le siguen negando, el derecho a que la prensa sea libre, a que haya pluripartidismo y que haya una economía de mercado?

OROZCO: ¿Cómo es la Cuba que dejó y la Cuba que ha encontrado ahora, cuando ha salido a la calle? ¿Cuáles son sus primeras impresiones?

CHANES: Mire, primeramente, cuando yo caí preso no había libreta de racionamiento. Las empresas no eran estatales. El comercio, las peleterías, las tiendas, el comercio de víveres funcionaba. Yo dejé una Habana normal. Por ejemplo, hace unos días estuve en Galiano por la noche. Yo recordaba Galiano cuando estaba preso, como la arteria principal comercial, limpia, agradable. En las tiendas había de todo, se podía comprar lo que usted quisiera. Vi el otro día La Habana cuando fui con el compañero Pitaluga, y le dije: "Cualquier pueblecito de campo, el más pobre, prácticamente era mejor que lo que estoy viendo ahora". Por ejemplo, no solamente las aceras, sino los mismos portales da lástima verlos, como se encuentran. Da lástima ver el estado en que se encuentran algunos edificios. Tiendas completamente vacías, mucho anuncio, mucha propaganda política, affiches y cosas de esas. Pero eso no le resuelve el problema al pueblo cubano. El problema se resuelve aquí de una sola forma, como le he dicho: libertad de prensa, pluripartidismo y economía de mercado.

Quisiera decir algo, para terminar. Quisiera que me lo publiquen. Yo no tengo que demostrar que yo fui inocente, pero creo que únicamente una persona que esté o muy convencida de que fue inocente, o esté loco, va a decir lo que le voy a decir ahora.

Emplazo al Consejo de Estado, y particularmente a Fidel Castro, para que se abra nuevamente, para mí solo, la Causa 556 de 1961, por la cual fui juzgado y condenado a 30 años, los cuales cumplí; sólo reclamo el derecho a nombrar un letrado. El motivo es demostrar lo que afirmé hace 30 años: mi inocencia de los cargos. Si se demuestra una sola de las acusaciones, estoy dispuesto a regresar a la prisión. Si no se demuestra, como así será, nada quiero, ni siquiera excusas por tan infame injusticia.

OROZCO: ¿Lo entregó ya, ese documento al Consejo de Estado?

YANES: No vale la pena entregarlo.

CHANES: Se burlan de todo aquí, se han burlado de la democratización.

YANES: Además, no es el primer planteamiento que él le hace a Fidel, que no se lo llevan. Pero le va a llegar, de todas maneras.

CHANES: Lo va a oír.

RUIZ PITALUGA: ¿Pudiera decir mi opinión del Congreso?

OROZCO: Sí, sí, ahora mismo.

RUIZ PITALUGA: Habla Julio Ruiz Pitaluga, ex preso político. Se ha especulado mucho sobre lo que se va a plantear en el IV Congreso del Partido Comunista, pero por muchas especulaciones que se hagan no podemos estar seguros de lo que se va a plantear allí. Más bien podemos hablar de lo que no se va a plantear, que de eso sí estamos seguros. Veamos: de democracia y pluripartidismo no se va a hablar; de economía de mercado tampoco se va a hablar; de asociación, reunión, libertad de culto, no se va a hablar; no se va a hablar de que los obreros tengan derecho a la huelga. Nada de eso se va a hablar. Y si nada de eso se va a hablar ¿qué es lo que queda? La misma cosa que durante 32 años se ha oído: la palabra de Castro, con un grupo de hombres que tienen miedo a oponerse a él, y no van a hablar de nada de eso. Seguirá lo mismo, con algunas cosas distintas. Castro en esto ya se sabe derrotado. En esta partida de ajedrez él está tratando de que lo ahoguen con un jaque perpetuo, para salvar aunque sea medio punto. Eso es todo lo que va a hacer, y no lo va a lograr tampoco, al final.

OROZCO: Muchas gracias.

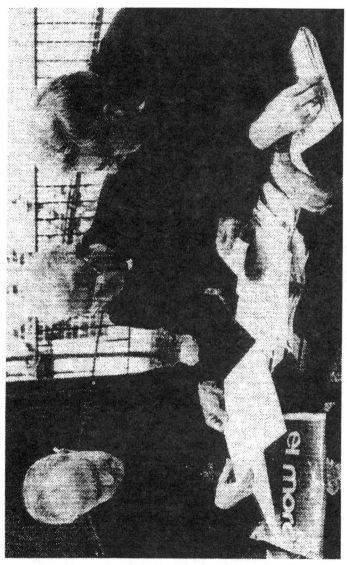

23. Los tres Obispos cubanos de la diáspora, Monseñores Eduardo Boza Masvidal, Agustín Román y Enrique San Pedro S.J., reunidos en Miami (*foto Revista Ideal*).

24. La imagen tradicional de la Patrona de Cuba (*estampa cubana*).

Apéndice

La Iglesia Católica en Cuba[1]

Documento I

Cuba: Algunos datos sobre la situación de la Iglesia en la actualidad[2]

Una lenta y progresiva distensión en las relaciones Iglesia-Estado ha permitido una cierta recuperación

El domingo 8 de septiembre la Iglesia de Cuba celebra la fiesta de la Virgen de la Caridad del Cobre, su Patrona. La historia de la devoción de los cubanos a María bajo esta advocación coincide con la historia de la imagen: apareció a principios del siglo XVII, en forma un tanto misteriosa. Un esclavo negro y dos indios encontraron la imagen flotando sobre el mar después de una tormenta. La llevaron al poblado del Cobre. Desde ese momento, la devoción a la Virgen de la Caridad del Cobre fue creciendo y tomando cada vez más fuerza en la isla hasta nuestros días.

Situación actual de la Iglesia cubana

A mediados de 1961 fueron expulsados del país un obispo[3] y 131 sacerdotes; enseguida comenzó el éxodo de sacerdotes, religiosos y religiosas, al perder sus escuelas y obras de beneficencia sociales, en medio de la confusión general de aquellos momentos. De los aproximadamente 800

---

[1]**Nota del editor:** Como complemento a la importante tarea que el autor ha cumplido con la recopilación del conjunto de entrevistas que conforman este valioso trabajo, me ha parecido conveniente, y en ello han concurrido el autor y las entidades patrocinadoras, incluir en este Apéndice, después de una cuidadosa selección, algunos documentos oficiales de la Santa Sede y de la Conferencia Episcopal de Cuba, que ponen de relieve, en las propias palabras de los que la han sufrido, la terrible represión que la institución religiosa mayoritaria del país y sus fieles han padecido desde 1961.

[2]*L'Osservatore Romano*, Edición Semanal en Lengua Española, No. 37, 13 de septiembre de 1991.

[3]Se trata de Monseñor Eduardo Boza Masvidal, Presidente del Consejo de Directores de OF HUMAN RIGHTS, que en aquel entonces era Obispo Auxiliar de la Arquidiócesis de La Habana.

sacerdotes que había en el país quedaron un poco más de 200, e igual número de religiosas quedaron de las más de 2,000 que trabajaban en Cuba, sin olvidar que para esas fechas se registraban en el país alrededor de 6 millones y medio de habitantes.

La Iglesia perdió sus instituciones educativas y casi la totalidad de sus centros asistenciales (un catálogo de 1955 cita más de 255 obras de beneficencia). Se terminó todo acceso a los medios de comunicación (radio, televisión, prensa y publicaciones). Quedó la Iglesia disminuida en casi un 90% de sus cuadros pastorales. Se disolvieron las asociaciones como la Acción Católica, etc., y se prohibió todo acto de tipo religioso fuera del recinto del templo.

Durante este período, gracias a diversos factores y en particular al trabajo desempeñado por la nunciatura apostólica y los obispos, ha habido una lenta y progresiva distensión en las relaciones Iglesia y Estado; el Gobierno, por su parte, ha dado signos de reconocer el valor y la vigencia de la Iglesia, aunque en algunas situaciones se siguen alternando algunos momentos tensos con otros favorables.

En estos últimos tres años han entrado al país un número proporcionalmente considerable de sacerdotes, religiosos y religiosas que con los ya existentes representan a los países de: España, Canadá, Francia, México, India, Italia, Brasil, República Dominicana, Colombia, Guatemala, Irlanda, Puerto Rico, Venezuela y Alemania.

Siete diócesis, con 219 sacerdotes y 329 religiosas, cargan sobre sus hombros la difícil tarea de la evangelización para 11 millones de cubanos; tocándole un promedio de 50,000 habitantes a cada sacerdote; la mayoría atiende entre 4 y 12 templos. Hay quienes tienen bajo su responsabilidad hasta 230,000 habitantes.

Las sectas protestantes, al igual que en otros países de América Latina, toman más fuerza cada día. El sincretismo religioso, manifestado en la santería y el espiritismo practicado por un alto porcentaje del pueblo cubano, requiere un trabajo de purificación muy delicado que casi no se ha podido iniciar.

De 1960 a la fecha, con el nuevo sistema social marxista-leninista, la Iglesia apenas ha podido subsistir; muchos de los jóvenes nacidos en este período no están bautizados.

Datos diocesanos

Arquidiócesis de San Cristóbal de La Habana

Arzobispo de esta diócesis y también presidente de la Conferencia episcopal cubana es mons. Jaime Lucas Ortega y Alamino. La diócesis abarca una superficie de 8,221 kilómetros cuadrados y tiene una población de 2,930,000 habitantes. Hay 77 parroquias y 97 capillas. Los sacerdotes son 93, de los cuales 40 son diocesanos; las religiosas son 210, los seminaristas son 9.

Arquidiócesis de Santiago de Cuba

Pastorea la diócesis mons. Pedro Claro Meurice Estíu. Su superficie es de 20,000 kilómetros cuadrados con una población de 2,308,000 habitantes. En su jurisdicción se encuentran 21 parroquias y 54 capillas. Trabajan en la cura pastoral 26 sacerdotes, de los cuales 15 son diocesanos; colaboran con ellos 32 religiosas; hay 4 seminaristas.

Diócesis de Matanzas

El obispo de esta diócesis es mons. Mariano Vivanco Valiente. Su jurisdicción comprende 8,444 kilómetros cuadrados y sus habitantes son 600,000. Hay 31 parroquias y 33 capillas. Los sacerdotes que secundan al obispo son 7 del clero regular y 12 del clero diocesano, hay 20 religiosas entregadas a tareas pastorales. El seminario de la diócesis tiene 5 seminaristas.

Diócesis de Cienfuegos-Santa Clara

A la cabeza de la diócesis se encuentra mons. Fernando Prego Casal. En la diócesis, con una superficie de 21,411 kilómetros cuadrados, viven 1,563,000 personas. Su territorio cuenta con 51 parroquias y 33 capillas. Los sacerdotes que prestan su obra son 27, de los cuales 14 son diocesanos; trabajan asimismo 13 religiosas. Los seminaristas de la diócesis son 6.

Diócesis de Pinar del Río

Es su obispo mons. José Siro González Bacallao. La diócesis comprende un territorio de 13,500 kilómetros cuadrados, y 370,000 son sus pobladores. Hay 21 templos parroquiales y 41 capillas. Cooperan con el obispo 6 sacerdotes del clero regular y 6 del clero diocesano, junto con 17 religiosas. La diócesis tiene 2 seminaristas.

Diócesis de Camagüey

Gobierna la diócesis mons. Adolfo Rodríguez Herrera. Su superficie es de 26,346 kilómetros cuadrados. Tiene 1,169,000 habitantes. Las parroquias son 17 y las capillas 53. Trabajan en su territorio 4 sacerdotes religiosos y 18 diocesanos, asistidos por 26 religiosas. Los seminaristas son 3.

Diócesis de Holguín

El gobierno pastoral está confiado a mons. Héctor Luis Peña Gómez. El territorio de la diócesis cubre una superficie de 14,059 kilómetros cuadrados. En su jurisdicción existen 16 iglesias parroquiales y 28 capillas. Desempeñan su actividad pastoral 20 sacerdotes: 9 religiosos y 11 diocesanos, con la ayuda de 11 religiosas. Los seminaristas son 4.

+ + +

Documento II

Carta de los obispos cubanos a todos los sacerdotes del país ante la situación actual[4]

Queridos hermanos e hijos en Cristo sacerdote:

Nosotros, los pastores de la Iglesia que peregrina en Cuba, compartimos con ustedes la triple misión de enseñar, santificar y pastorear esta porción del pueblo de Dios. Por eso, queremos invitarlos a reflexionar juntos sobre la situación que nos toca vivir en medio de nuestro pueblo cubano, del cual formamos parte.

Pedimos para ello su luz y su Espíritu al Padre celestial, por medio de su Hijo Jesús, y por intercesión de María de la Caridad, a cuyos pies nos encontramos.

A este propósito es bueno recordar lo que escribía el apóstol san Pablo a los Corintios: "Ustedes son una carta de Cristo redactada por nuestro ministerio, escrita no con tinta, sino con el Espíritu de Dios vivo; no en tablas de piedra, sino en las tablas de la carne del corazón. Esta confianza con Dios la tenemos por Cristo" (2 Co 3, 3-4).

Nos proponemos ir reflexionando sucesivamente con todos los demás sectores del pueblo de Dios; pero deseamos hacerlo en primer lugar con ustedes, queridos hermanos e hijos, los más cercanos a nosotros en el ministerio de la Iglesia, sacramento de salvación universal, que es Cristo mismo salvando a los hombres en todo tiempo y lugar.

Reflexión ininterrumpida y progresiva

Hace ya más de diez años, a poco de terminar en Puebla la tercera Conferencia general del Episcopado latinoamericano, comenzaba para nosotros en Cuba un proceso de reflexión eclesial que fue comunicando un espíritu nuevo a nuestra Iglesia, cuyo momento culminante fue el ENEC (Encuentro

---

[4]*L'Osservatore Romano*, edición semanal en lengua española, No. 44, 1 de noviembre de 1991.

nacional eclesial cubano), en febrero de 1986 y que, a lo largo de más de cinco años, ha marcado nuestro quehacer pastoral en la Iglesia. Una Iglesia que desde entonces ha optado por ser encarnada, orante y evangelizadora, como fruto de aquella fecunda reflexión que fue obra de todos los sectores del pueblo de Dios, desde las comunidades locales a las vicarías o zonas pastorales, a las respectivas diócesis y al ámbito de la Conferencia episcopal cubana. Todo ese caudal de reflexión, plasmado en las asambleas diocesanas, fue llevado a integrar el documento de trabajo del ENEC que se convirtió, después del encuentro nacional, en el documento definitivo, que no pudimos tener impreso hasta dos años más tarde.

No faltó, sin embargo, el dinamismo creador en todo este tiempo, traducido en las distintas asambleas de comunidades locales, que procuraron llevar el espíritu del ENEC al plano concreto de la actuación apostólica. Fruto innegable de ello son los esfuerzos misioneros en orden a la evangelización, emprendidos a nivel parroquial, diocesano y nacional. Estamos pensando también en el hecho de gracia que constituye el paso de la cruz del V Centenario de la evangelización por todos los rincones de nuestra patria y de la imagen de Nuestra Señora de la Caridad que en varias diócesis hizo un amplio recorrido, despertando a su paso la conciencia religiosa de nuestro pueblo más sencillo y demostrando así, palpablemente, la memoria cristiana del mismo.

Es cierto que queda mucho por hacer, pero vamos dando los pasos que manifiestan la permanencia de los propósitos formulados por el ENEC en cuanto a mentalidad y actitud de diálogo, en cuanto al compromiso reconciliador en medio de los hombres y mujeres de nuestro pueblo y, finalmente, al compartir y coordinar esfuerzos realizados a nivel diocesano y nacional para ir poniendo así las bases concretas que vayan permitiendo, poco a poco, llevar a cabo una verdadera pastoral de conjunto.

Sirva como ejemplo de esto último el Plan pastoral nacional de la Conferencia episcopal cubana de noviembre de 1990, que recoge la iniciativa de Su Santidad Juan Pablo II sobre la nueva evangelización en el espíritu del ENEC para la celebración del V Centenario de la evangelización del continente latinoamericano en los umbrales del tercer milenio cristiano.

Algunos de nuestros problemas actuales

Es evidente, queridos sacerdotes, que los cambios que van ocurriendo en el mundo, especialmente en aquellas zonas a las que hemos estado vinculados ya geográfica, ya histórica, ya políticamente (continente latinoamericano, países del este de Europa), tienen su repercusión en Cuba. Podemos constatar que se está dando en la hora presente un proceso de tránsito de la confrontación al diálogo, del enfrentamiento a la colaboración, de los peligros de guerra a la esperanza de la paz. Esto supone también cambios progresivos, y a veces radicales, dentro de cada país, hacia una vida más democrática y abierta a la participación de todos los ciudadanos. De este modo el mundo parece avanzar hacia un nuevo modelo de convivencia internacional.

Estos hechos nos hacen reflexionar como pastores y nos sentimos llamados a proyectar la luz del Evangelio sobre estas realidades, porque inciden sensiblemente en el diario vivir de nuestro pueblo y, por tanto, en nuestra labor pastoral.

En efecto, ustedes, queridos sacerdotes, conocen mejor que nosotros los pormenores de las dificultades que experimenta la familia cubana para hacer frente a las necesidades materiales de cada día y cómo esas dificultades causan mayores trastornos en nuestros hermanos enfermos o de más avanzada edad. Conocen también el descontento de tantos jóvenes por no hallar el trabajo a que aspiran en razón de sus cualidades personales y su preparación.

Naturalmente, éstos y otros hechos, como el turismo, que aunque beneficioso para el país, es causa, por sus aspectos discriminatorios, de disgusto e irritación en muchas personas, hacen menos fácil la convivencia ciudadana y provocan también en muchos una sensación de desaliento.

Vemos además con preocupación y dolor, al igual que ustedes, queridos hermanos, el aumento de la violencia, el robo, el alcoholismo y el desenfreno sexual. Son síntomas evidentes de que los problemas del mundo moderno se hacen presentes en nuestra sociedad. Asimismo, resulta especialmente doloroso constatar el incremento del número de jóvenes que tratan de salir del país a través del estrecho de la Florida con gravísimo riesgo de sus vidas, a causa de los precarios e insuficientes medios que emplean para su empeño.

Actitud de la Iglesia

Durante todos estos años la Iglesia ha sido sensible a las dificultades y esperanzas de nuestro pueblo. Hubo un momento en que la austeridad perecía ser una medida transitoria y válida para alcanzar un ulterior desarrollo. Sin embargo, la experiencia de estos años nos ha convencido de que en la situación presente no basta la austeridad como único camino de solución.

No han faltado en todo este largo período las situaciones de tensión social. En dichos momentos la Iglesia se ha manifestado a través de la palabra de los pastores, obispos y sacerdotes, dirigida a los católicos cubanos en actos de culto o en cartas pastorales, o bien directamente a las autoridades de la nación, aun cuando esto último no haya sido difundido por los órganos de prensa y sea, por lo tanto, desconocido por la opinión pública nacional e internacional. Por eso, dentro y fuera del país, algunos nos han reprochado por guardar un silencio cómplice en relación con sucesos que veíamos con dolor y repulsa, y que en realidad fueron denunciados de !a manera referida. Así lo hicimos, por ejemplo, cuando los actos de repudio con ocasión del éxodo del Mariel.

Ciertamente, en su momento, la Iglesia ha exhortado a los católicos a colaborar con todo lo justo, noble y bueno que se ha tratado de hacer en nuestra patria, en especial en lo referente al desarrollo económico, a la justicia social y al bienestar del pueblo. Así lo muestra el testimonio ofrecido por los laicos en el trabajo y en el estudio, y la solidaridad efectiva con el mundo del dolor a través de la abnegada labor de las religiosas en los hospitales, hogares de ancianos y las ayudas no gubernamentales católicas de otras partes del mundo.

Ante el proyecto socialista y su programa adoptado para nuestro pueblo a fin de conseguir el desarrollo, la Iglesia asumió, con un compromiso serio, fiel al espíritu del Evangelio, el camino de "analizarlo todo y quedarse con lo bueno".

En el ENEC fue toda la Iglesia, pastores y fieles, la que dio una opinión y expresó una postura que aún hoy mantenemos. Esa postura encarna el deseo de una auténtica participación consciente del pueblo en su historia, un verdadero ámbito de libertad para todos los cubanos y la actitud real de respeto por las personas y las ideas, que lleven a poder entablar un diálogo con todos los cubanos de buena voluntad dentro y fuera de nuestras fronteras geográficas.

Al mirar la realidad, con sus dificultades y problemas, nos sentimos llamados a participar en la solución de esos problemas y en la superación de esas dificultades.

Sabemos, por ser cristianos, que aunque las situaciones humanas son muy complejas, "lo que es imposible para los hombres, es posible para Dios. Dios lo puede todo" (cf. *Mc* 10, 27). Siempre se abre una puerta a la esperanza desde la fe y a impulsos del Amor. Sin embargo, nosotros los hombres a veces cerramos las puertas a esa esperanza con nuestra autosuficiencia o nuestro empecinamiento, con nuestra falta de fe y amor.

Como pastores de la Iglesia en Cuba pedimos a Dios, fuente de toda luz, que nos guíe con su sabiduría para discernir los verdaderos caminos que nos permitan, en solidaridad con nuestro pueblo, contribuir a la solución de los problemas presentes, fieles a los principios de la verdad y del bien.

Nuestro Dios es "Dios de vivos", como respondió Jesús a los saduceos (*Mt* 22, 32). Es un Dios que da la vida y promueve la vida. Por eso no podemos, desde nuestra fe, estar de acuerdo con una perspectiva que conduzca a la inmolación del pueblo. Tampoco podemos aceptar las proposiciones que propugnan el enfrentamiento violento, que es siempre fratricida.

Ésta sería otra forma falsa de buscar una solución. Quedarnos cruzados de brazos, o la pretensión de resolver los problemas que nos afectan a todos a base de modos individualistas, o sea, por medio de exilios internos o externos, parece ser otro camino equivocado. Como decía hace tantos años el p. Varela: "... Los cubanos se piensan salvar solos, sin darse cuenta que todos correrán la suerte que corra la patria".

Nuestra conciencia cristiana y sacerdotal nos pide, en cambio, un compromiso personal y cotidiano, que una nuestros propios esfuerzos a los de los demás en un clima de auténtico respeto al otro, a sus necesidades y a sus ideas. De este modo podría aparecer un espacio adecuado para un diálogo sincero entre todos los cubanos de buena voluntad, que sane las heridas causadas por la falta de fraternidad, la desconfianza, el miedo y la agresividad; en la renovación de las conciencias y de los corazones, en la restauración de los valores humanos y cristianos, en la capacitación para el ejercicio responsable de la libertad personal y comunitaria, en la apertura a la trascendencia de un Dios todopoderoso, Padre lleno de amor, capaz de "hacer nuevas las cosas" (*Ap* 21, 5) y que se manifiesta en el amor eficaz y consecuente a los hermanos.

Así, desde nuestra fe, ofreceremos un camino de salvación y de esperanza para Cuba y para todos los cubanos.

Repercusión en la vida de los presbíteros

Comprendemos que ustedes, queridos hermanos e hijos, experimenten en su carne y en su corazón las repercusiones dolorosas de la situación que nos toca vivir y compartimos esta vivencia con ustedes. Por ser no sólo parte del pueblo que sufre, sino además pastores de quienes se espera una palabra de aliento y de orientación, nos sentimos no pocas veces abrumados por el peso de tantas preocupaciones. Si no fuera así, dejaríamos de ser humanos, cubanos, cristianos y sacerdotes.

En el ejercicio de nuestro ministerio pastoral recogemos expresiones de agobio, exasperación y perplejidad.

Todo esto, naturalmente, somete nuestra realidad humana a un continuo desgaste. Además, a ello se suma la responsabilidad que el Señor nos ha conferido como pastores y el vernos a veces humanamente impotentes para resolver tantas situaciones desesperadas.

Por todas estas razones nuestras fuerzas físicas y psíquicas pueden llegar a resentirse o flaquear. Recordamos a Jesús en los supremos momentos de la agonía en el huerto, cuando llegó a sudar gotas de sangre... Pero también acuden a nuestra memoria aquellas palabras del apóstol san Pablo que nos sirven de inspiración y de consuelo: "Pero llevamos este tesoro en recipientes de barro para que aparezca que una fuerza tan extraordinaria es de Dios y no de nosotros. Atribulados en todo, más no aplastados; perplejos, más no desesperados; perseguidos, más no abandonados; derribados, más no aniquilados. Llevamos siempre en nuestros cuerpos por todas partes el morir de Jesús, a fin de que también la vida de Jesús se manifieste en nuestro cuerpo" (2 *Co* 4, 7-10).

Iluminación teológica

Por eso, queridos hermanos en el sacerdocio de Cristo, aunque las tribulaciones sean muchas, nos vemos consolados por Jesús, cuyos ministros somos y tenemos la misión de consolar y reconfortar a los demás. ¡Qué no decaiga nuestro ánimo! No pensemos que estamos en la impotencia o en la pasividad. A la luz del misterio pascual podemos y debemos hacer mucho en esta hora crucial.

Queremos recordar, junto a Jesús, los compromisos de nuestro sacerdocio ministerial, de nuestra vocación sacerdotal.

El Papa Juan Pablo II hablando a los sacerdotes en Gabón el 17 de febrero de 1982 dijo: "El sacerdocio es un verdadero misterio en el sentido cristiano de la palabra, es decir, una realidad de la que conocemos solamente una cara, pero la otra se nos escapa porque viene de Dios y toca al mismo Dios. Queridos hermanos, a todos se nos pide creer en el sacerdocio como creemos en el bautismo o en la Eucaristía. ¿Podremos agotar alguna vez, por ejemplo, el significado del bautismo? Pues así ocurre con el sacerdocio. La primera fidelidad que se pide a un sacerdote es que continúe creyendo en su propio misterio, que su fe sea perseverante en este don de Dios que ha recibido".

Y el concilio Vaticano II nos recuerda que "...Los presbíteros, próvidos cooperadores del orden episcopal, y ayuda e instrumento suyo, llamados para servir al pueblo de Dios, forman, junto con su obispo, un solo presbiterio, dedicado a diversas ocupaciones..." "Todos los sacerdotes, tanto diocesanos como religiosos, están, pues, adscritos al cuerpo episcopal por razón del orden y del ministerio, y sirven al bien de toda la Iglesia según la vocación y gracia de cada cual..." "En virtud de la común ordenación sagrada y de la común misión, todos los presbíteros se unen entre sí en íntima fraternidad, que debe manifestarse en espontánea y gustosa ayuda mutua, tanto espiritual como material, tanto pastoral como personal, en las reuniones, en la comunión de vida, de trabajo y de caridad..."

"Acuérdense de que, con su conducta de cada día y con su solicitud, deben mostrar a los fieles e infieles, a los católicos y no católicos, la imagen del verdadero ministerio sacerdotal y pastoral, y de que están obligados a dar a todos el testimonio de verdad y de vida" (*Lumen gentium*, n. 28).

No pensemos, pues, que somos solamente hombres de buena voluntad movidos por el amor al pueblo cubano y con la mirada puesta en el bien común de este pueblo que es el nuestro; no pensemos que estando pastoralmente ocupados no estamos siendo agentes activos en la hora histórica presente, como si estuviéramos "ociosos en la plaza sin hacer nada" (*Mt* 20, 6). Cada uno tiene su misión, la nuestra es la sacerdotal, vale decir, la misma de Cristo, salvador de los hombres, porque de él arranca nuestro sacerdocio ministerial que tiene su fuente y su punto culminante en el misterio pascual: la muerte y resurrección de Jesús. Sólo con esta visión de fe trascendente podemos vencer la tentación de la "eficacia" que a veces puede asaltarnos.

El sacerdote es siempre signo de la presencia de Dios, aún más, al permanecer en medio de una sociedad en la que se ha propugnado el ateísmo como clave de interpretación de la realidad, esa presencia se hace más significativa, pues, aunque no hablemos, somos la voz de Dios que no calla, y esto sin arrogancia ni orgullo, sino con humildad y espíritu de servicio, sufriendo y obrando como Jesús, que nos dijo: "Ninguno tiene más amor que aquel que da la vida por los que ama" (*Jn* 15, 13).

A esto tiende y en esto se consuma el ministerio de los presbíteros... No podrían ser ministros de Cristo si no fueran testigos y dispensadores de una vida distinta de la terrena, ni podrían scrvir tampoco a los hombres si permanecieran ajenos a la vida y condiciones de los mismos (cf *Presbyterorum ordinis* 2 y 3).

La Iglesia en Cuba, hoy

Si hemos hecho un somero análisis de la realidad, no podemos pasar por alto el aspecto intraeclesial. Tomando como punto de partida el ENEC, podemos apreciar en estos últimos cinco años el aumento en el número de religiosas y, en menor grado, de sacerdotes que han ingresado al país y se han incorporado a nuestra labor pastoral.

Por parte de los fieles es sensible el incremento en los bautismos no sólo de niños, sino también de adultos, principalmente jóvenes, que se incorporan a las diversas comunidades después del conveniente catecumenado.

Asimismo, como ya lo hemos señalado, asistimos a un despertar de la memoria cristiana de nuestro pueblo, que se evidencia al paso de la cruz del V Centenario de la evangelización y de la Virgen de la Caridad. Ciertamente la Iglesia permanece viva en medio de nuestro pueblo.

El ligero y consolador incremento en las vocaciones masculinas y femeninas es una muestra de la fecundidad de nuestra vida eclesial.

Es digno de mencionarse el clima de sencillez y sinceridad, de fraternidad y unidad que se observa entre obispos y sacerdotes, sacerdotes entre sí, con los laicos, y de todos en general.

El actual crecimiento del número de religiosas supone, por parte de los sacerdotes, una valoración de sus respectivos carismas personales y comunitarios, que hacen posible una mayor y más provechosa colaboración pastoral.

Es interesante y prometedora la promoción de los diáconos permanentes, los cuales van incorporándose con gran celo a la tarea pastoral.

Es también motivo de alegría y esperanza la expresión más visible de la sensibilidad cristiana y de sus nuevos compromisos apostólicos ante el mundo del dolor, que promueven y animan, con exquisita caridad, iniciativas como Cáritas, la Fráter y Pax, que van extendiéndose en número y calidad entre los miembros del pueblo de Dios.

Resulta imposible dejar de destacar la callada, abnegada, constante y fecunda tarea de cada día realizada por ustedes, queridos sacerdotes, que obtiene su fuerza y su eficacia junto a María la Virgen, Madre de la Caridad, patrona de todo nuestro pueblo. Nos referimos a la cotidiana labor pastoral llevada a cabo humilde y sencillamente y encerrada en el misterio de la aparente monotonía de lo cotidiano: la predicación de la Palabra, la celebración de la Eucaristía y el bautismo, la atención a los enfermos, la reconciliación de los pecadores, el consuelo de los afligidos, la orientación y animación de las comunidades. Por todo esto, gracias, queridos hermanos, gracias en nombre de los fieles, gracias en nombre del mismo Jesucristo, "nunca la Iglesia podrá subsistir sin sacerdotes, sin santos sacerdotes" (Juan Pablo II, París, 30 de mayo de 1980).

Por eso, en esta hora, les decimos, o más bien dejamos que Jesús nos diga a todos: "¡Ánimo, soy yo, no tengan miedo!" (*Mc* 6, 50).

Sin embargo, queridos sacerdotes, se nos impone la hora presente con todo lo que tiene de desafío y de compromiso. No podemos caer en la desesperación ni tampoco en la seductora tentación de los remedios parciales, sabiendo que ninguna solución temporal es absoluta.

Precisemos el terreno en que se mueve nuestro ministerio sacerdotal al buscar el bien común de los hombres. "El Concilio exhorta a los cristianos, ciudadanos de la ciudad temporal y de la ciudad eterna, a cumplir con fidelidad sus deberes temporales, guiados siempre por el espíritu evangélico". "De los sacerdotes, los laicos pueden esperar orientación e impulso espiritual. Pero no piensen que sus pastores están siempre en condiciones de poderles dar inmediatamente solución concreta a todas las cuestiones, aun graves, que surjan. Cumplen más bien los laicos su propia función con la luz de la sabiduría cristiana y con la observancia atenta a la doctrina del magisterio" (*Gaudium et spes*, 43).

Exhortación final

Queridos hermanos, los exhortamos vivamente a permanecer unidos a nosotros en los respectivos presbiterios diocesanos y unidos entre ustedes mismos en fraterna solidaridad pastoral y personal. El mejor amigo de un sacerdote, es otro sacerdote. No lo olvidemos. ¡Cuántas veces nos animamos y sostenemos unos a otros en nuestro caminar! Desde el humilde y confiado recurso que hacemos en la fe para ejercer unos con otros el ministerio de la reconciliación y perdón de nuestros pecados, que como hombres débiles cometemos, hasta el apoyo moral, la comprensión y el compartir penas y alegrías que jalonan nuestra vida cotidiana. Demos así el ejemplo vivo de fraterna amistad en Cristo.

Igualmente estemos dispuestos, con generosidad y renovado fervor, a compartir con nuestro pueblo sus vicisitudes y penas, sus alegrías y esperanzas. Éste es un momento para vivir con valor la pobreza de Jesús, su docilidad a la voluntad del Padre, su transparente caridad y amor para con todos, pero especialmente para con los pobres, compartiendo el pan de la Palabra, el cuerpo de Cristo y también el pan material. El Señor nos llama a permanecer aquí, donde la Providencia nos ha colocado, siempre sostenidos por la oración, por nuestra espiritualidad pascual y misionera, que hunde sus raíces en el misterio de la muerte y resurrección de Cristo, en la fecundidad redentora de la cruz, y se mueve a impulsos del Espíritu Santo, que es el verdadero y único amor. No descuidemos nuestra formación permanente como estímulo y caudal de la doctrina que transmitimos, que es Cristo mismo, pero que busca siempre cauces nuevos para los tiempos nuevos.

El mejor signo de que somos felices en nuestra propia vocación será la atención especial a las vocaciones sacerdotales y religiosas. Asimismo es importante apoyar la labor del seminario como centro de formación de los futuros sacerdotes. Avancemos de cara al futuro, firmemente comprometidos con el presente y fieles a las mejores tradiciones de aquellos sacerdotes que nos precedieron en el signo de la fe en Cristo y en el amor a la patria, el p. José Agustín Caballero, el p. Félix Varela, y la pléyade de eclesiásticos cubanos forjadores de nuestra cultura y de nuestra nacionalidad.

Que María, Madre de la Caridad y Madre de todos los cubanos, recoja nuestros desvelos y haga fecunda nuestra labor evangelizadora, sobre todo cuando nos disponemos a emprender la misión de la nueva evangelización, siguiendo la inspirada iniciativa del Santo Padre Juan Pablo II al desembocar en el V Centenario de la evangelización de nuestro continente latinoamericano y en los umbrales del año 2,000, a punto de iniciar el tercer milenio del cristianismo en el mundo.

Que Cristo, sumo y eterno sacerdote, reciba nuestra oración y nuestro propósito, aliente nuestro compromiso y restaure y renueve nuestras fuerzas, nuestro celo, nuestro entusiasmo y nuestro ardor evangélico.

La Habana, fiesta de Nuestra Señora de la Caridad, 1991.

Los bendicen y abrazan fraternalmente

Los obispos de Cuba

Cuba celebra su evangelización

Palabras del Papa durante el Ángelus del 27 de octubre de 1991:

En el marco del V Centenario de la evangelización de América, reanudo mi recorrido espiritual por los distintos santuarios marianos del mundo iberoamericano iniciado durante el período estivo, y me postro hoy espiritualmente a los pies de Nuestra Señora de la Caridad del Cobre, venerada en Cuba como patrona principal de la nación.

Desde el día en que, en los albores del siglo XVII, la sagrada imagen fue recogida por tres jóvenes en las aguas del mar, el pueblo de Cuba ha hallado siempre en la Santísima Virgen que se venera en el santuario de El Cobre, la abogada y maternal protectora que lo acompaña y guía en los momentos difíciles de su historia.

Hoy se cumplen exactamente 499 años desde que en aquella amada isla caribeña fue plantada la cruz de Cristo dando así comienzo la gesta evangelizadora. En esta fecha memorable, envío mi afectuoso saludo a los queridísimos hijos de la noble nación cubana, a quienes, por intercesión de la Virgen de la Caridad del Cobre, encomiendo en mis oraciones al Señor y les imparto de todo corazón la bendición apostólica.

+ + +

Documento III

La voz del Obispo
Conciencia cristiana y situaciones críticas[5]

En esta ocasión, queridos hermanos, deseo hacer un breve examen de lo que es la conciencia y su modo propio de expresión en un cristiano, a fin a analizar adecuadamente la actitud asumida por los católicos ante un problema actual de participación social: ¿puede un cristiano formar parte de las Brigadas de Acción Rápida?

La mayoritaria respuesta negativa de los católicos es digna de una reflexión seria que explique ese comportamiento no a partir de criterios políticos, sino fundamentándolo en motivaciones de conciencia.

Salta así al primer plano la importancia que tiene la conciencia en una actuación realmente humana.

Todas las constituciones modernas proclaman la libertad de conciencia como una prerrogativa propia del ciudadano, necesaria para la convivencia social.

La ética cristiana considera a la conciencia como el centro personal, interior, inviolable de dictamen moral, o sea, el que hace el análisis e indica en qué sentido se debe o no actuar. La orden para actuar la da la voluntad: "voy a hacer esto" o "no haré eso jamás". Pero el juicio sobre lo bueno o lo malo de una acción lo emite la conciencia. Algunos, más popularmente, llaman a ese diagnóstico interno del espíritu humano: "la voz de la conciencia".

Todo el mundo debe seguir su conciencia, pero es imprescindible que esa conciencia esté, objetivamente, referida al Bien.

Me explico, nadie puede llegar a actuar siguiendo una conciencia perversa que le hiciera ver que lo mejor es lo malo; por ejemplo, asesinar a una persona. Aunque subjetivamente alguien dijera "haber seguido la voz de su conciencia" para cometer un crimen, sería siempre culpable, porque estaba actuando con una conciencia torcida, con mala conciencia.

Esto, que parece realmente difícil, puede llegar a suceder. Digo difícil porque lo natural de la conciencia es alertarnos sobre lo malo. La conciencia es ese cosquilleo interior que no te deja actuar cuando el hecho es objetivamente malo y que te mantiene intranquilo y molesto después de haber obrado mal.

[5] *Aquí la Iglesia*, Boletín No.34, Arquidiócesis de La Habana, octubre de 1991.

Pero los humanos, por debilidad, temor o error podemos ahogar nuestra conciencia o desoír sus llamados.

Por todo eso el centro interno de diagnóstico sobre lo bueno y lo malo, que llamamos conciencia, debe estar bien equipado con conceptos claros, ideas precisas y, sobre todo, una orientación general de la persona hacia el Bien y la Verdad, que ayuden al ser humano a emitir un juicio limpio y cierto sobre su actuación futura.

Esto, que llamamos "formar la conciencia", comienza en la infancia más tierna y tiene que actualizarse siempre en la vida hasta su momento final.

Nosotros, cristianos, sabemos que la conciencia es un don precioso de Dios al hombre, para que éste actúe según el Bien, que es lo que Dios quiere, y no caiga en la maldad, en la falsedad del pecado que ofende a Dios.

Lo propio de la ética cristiana es iluminar la mente del hombre con la Luz del Evangelio, de la enseñanza de Jesucristo sobre el mismo hombre, sobre la verdad, el bien, el amor y nuestra dependencia amorosa de un Dios que es Padre de todos.

El evangelio ayuda así al seguidor de Cristo a formar su conciencia, sobre todo en la delicadeza del amor al prójimo.

El cristiano saca sus últimos criterios para el juicio moral sobre una acción a realizar del mensaje sublime de Jesús: hay que servir a los demás y no servirse de ellos... La misericordia está antes que el juicio... perdona siempre... el prójimo del otro es quien lo atiende y ayuda... Algunos de estos principios se han incorporado a la conciencia colectiva de nuestros pueblos cristianos y se han convertido en refranes populares: "haz bien y no mires a quien".

Se comprenden así las hondas razones de un católico para no participar en nada que pueda lesionar el amor que debe a todos los seres humanos, sean como sean y piensen como quieran pensar. De ahí el rehusar la participación en estas Brigadas de Acción Rápida.

Esta participación ha sido solicitada de modo voluntario. No se viola así la conciencia de cada uno. Pero es preciso que ni las presiones sociales, ni condicionamiento político alguno, disminuyan la capacidad de los invitados para que puedan seguir, de veras, su conciencia y responder con libertad.

Sin embargo, aun con esto no se salvan los obstáculos morales de un proyecto que lleva en sí la contraposición, la división en el seno de la gran familia cubana, donde todos debemos ser hermanos, y que puede ser germen de violencia y aun de agresiones físicas. Esto se ha dado ya, lamentablemente, en más de un caso.

El llamado de Cristo y de su Iglesia para estos momentos difíciles, como para cualquier otra situación, no es otro que una invitación al amor entre hermanos, a la reconciliación y a la paz.

Por todo esto la conciencia cristiana no sólo dice no a la participación personal en esas acciones, sino que se inquieta y sufre cuando las mismas se producen.

Es hora, pues, de oración sostenida y confiada, para que el amor entre todos los cubanos sea el factor fundamental que nos ayude a superar nuestras dificultades e inspire, en lo adelante, la necesaria reflexión y los modos de actuar.

Con mi bendición,

† Jaime, Obispo

+ + +

Documento IV

Circular de los obispos de Cuba sobre la posible admisión de los creyentes en el PCC[6]

Los obispos cubanos reunidos en la 58 asamblea ordinaria de la conferencia episcopal los días 18, 19, 20 y 21 de noviembre, entre otros asuntos de nuestro temario, hemos tratado de la posibilidad ofrecida a los creyentes cubanos de ser elegidos como miembros del PCC según se ha expresado en el IV Congreso de dicho partido, celebrado en Santiago de Cuba del 10 al 14 de octubre próximo pasado.

Se trata concretamente de la resolución sobre los estatutos del partido, en el no. 13 del anexo, que resuelve: "suprimir en la práctica de los procesos de crecimiento del partido cualquier interpretación de los actuales estatutos que entrañe negar a un revolucionario de vanguardia, en razón de sus creencias religiosas, el derecho de aspirar a ser admitido en el partido". El texto añade: "a tales efectos establecer con carácter provisional orientaciones reglamentarias".

Con relación a esto nos parece oportuno recordar algunos principios generales emanados de nuestra fe cristiana y de la doctrina social del magisterio de la iglesia:

---

[6]Texto literal del documento, recibido por OHR directamente de Cuba.

"es perfectamente conforme con la naturaleza humana que se constituyan estructuras políticas jurídicas que ofrezcan a todos los ciudadanos, sin discriminación alguna y con perfección creciente posibilidades efectivas de tomar parte libre y activamente en la fijación de los fundamentos jurídicos de la comunidad política, el gobierno de la cosa publica, en la determinación de los campos de acción y en los límites de las diferentes instituciones y en la elección de los gobernantes" (*Conc. Vat. II, G. Et Spes* #75).

Al considerar esta participación política no olvidemos lo que la doctrina social de la Iglesia nos enseña sobre la naturaleza social del hombre, que no se agota en el estado, sino que se realiza en diversos grupos intermedios, comenzando por la familia y siguiendo por los grupos económicos, sociales, políticos y culturales, los cuales, como provienen de la misma naturaleza humana, tienen su propia autonomía sin salirse del ámbito del bien común. (*Centesimus annus* n. 13).

Por su parte, el marxismo-leninismo considera que algunos hombres, en virtud de un conocimiento más profundo de las leyes del desarrollo de la sociedad, por una particular situación de clase o por otras razones, deben agruparse en un partido único que se encargaría de velar por el bien total de esa misma sociedad.

Cuando un cristiano, ejerciendo el derecho inalienable que tiene como persona humana, va a tomar la decisión de ingresar en un partido político de este género, debe reflexionar seriamente desde su fe, puesto que no le sería moralmente lícito actuar en contra de su propia conciencia, si se ve comprometida, violentada o alterada la concepción de la vida que emana de su fe cristiana.

Tengamos presente y muy claramente formulado que el cristiano no puede ser obligado a someterse a una concepción de la realidad que no corresponda a su conciencia humana iluminada por la fe, la cual no es una ideología, pero de la cual brota una fundamentación filosófica, una explicación del origen de todo lo que nos rodea y compone la realidad, unos principios y valores morales y de conducta, una concepción de lo económico, social y político que primariamente se basa en la dignidad trascendente e inalienable de la persona humana y que tiene su raíz profunda en la aceptación de un misterio más grande y fundamental: la existencia del único y Verdadero Dios, que para nosotros los cristianos es Padre, Hijo y Espíritu Santo.

Como pastores de la Iglesia Católica que vive en Cuba tenemos el deber de aclarar los siguientes puntos para orientar a nuestros fieles:

a. La citada resolución, considerada en sí misma, es un paso positivo pero que necesita ser clarificado por el PCC explicando qué entiende por "principios socialistas", "ideología y sentimientos socialistas", "política y política económica", "programa del partido" e incluso por "revolucionarios de vanguardia"... así como otros conceptos que se usaron en el IV Congreso y que, en las presentes circunstancias, requieren una explicitación.

b. Despejar la posibilidad del carácter coyuntural que pudiera tener esta resolución para con aquellos que hasta ayer han sido discriminados o tratados como desafectos o ciudadanos de segundo orden sólo por ser católicos.

c. Nunca ha entrado en el interés de la Iglesia reclamar el derecho de los católicos a militar en el partido. Porque entiende que este sólo derecho no "toca fondo" ni ofrece seguridad de una solución global al insistente reclamo de la Iglesia, que es el bien total de nuestro pueblo y el necesario margen de libertad para cumplir libremente su misión. La resolución parece intentar resolver un problema ético del partido y no del creyente en cuanto tal. La Iglesia se ha mostrado siempre disponible al diálogo para encontrar verdaderas soluciones de fondo a los problemas del país.

d. Por existir en Cuba un partido único y selectivo la admisión de algunos católicos puede plantear problemas de divisiones irritantes entre los mismos, producidas no en razón de opciones personales, sino desde fuera, por un órgano que es rector de toda la vida del país y determina quiénes son dignos y quiénes indignos de pertenecer a él.

e. Igualmente, por ser este partido único y selectivo es contradictorio y también discriminatorio que un creyente pueda ser militante del partido y un militante del partido no pueda ser creyente. Sería más completa esta resolución si suprimiera toda discriminación en absoluto.
En conclusión:

- Si se le ofreciera a un católico la posibilidad de ser elegido como miembro del PCC, él, ejercitando su libertad y derecho de persona humana, pudiera optar por dicha pertenencia, siempre y cuando esto no fuera en detrimento de su propia conciencia e identidad cristiana.
- Pero si el PCC sigue conservando su ateísmo integral y explicación de la realidad física, personal, social y política basada en los postulados del materialismo, a un católico le es moralmente imposible pertenecer a dicho partido sin perder por ello su identidad cristiana.

Ciudad de La Habana, 21 de noviembre de 1991

+ + +

Documento V

Colegio Episcopal[7]

Cuba: *Los obispos Alfredo Petit Vergel y Carlos Jesús Patricio Baladrón Valdés, auxiliares de San Cristóbal de La Habana y mons. Mario Eusebio Mestril Vega, auxiliar de Camagüey*

El Papa ha nombrado:

—Obispo titular de Buslacena y auxiliar de mons. Jaime Lucas Ortega y Alamino, arzobispo de San Cristóbal de La Habana, a mons. **Alfredo Petit Vergel.**

Alfredo Petit Vergel nació en La Habana el 24 de julio de 1936. Después de estudiar la filosofía en el seminario de La Habana, fue enviado al Pontificio colegio Pio Latinoamericano de Roma y obtuvo la licenciatura en teología en la Pontificia Universidad Gregoriana. Recibió la ordenación sacerdotal en la Urbe, el 23 de diciembre de 1961. De nuevo en su patria, ha sido vicario de la parroquia del Sagrado Corazón, párroco de El Salvador del Mundo y profesor en el seminario mayor, canciller y rector del seminario mayor y párroco de la catedral, párroco de San Francisco de Paula y capellán del hospital; desde 1985 es vicario episcopal para la zona central de la arquidiócesis y, desde 1988, responsable de la formación de los candidatos al diaconado permanente; ha trabajado siempre en el campo de las vocaciones al sacerdocio y a la vida consagrada y se ha dedicado a obras de caridad en favor de los ancianos. Habla espanol, italiano, inglés, francés y alemán.

—Obispo titular de Cibaliana y auxiliar de mons. Jaime Lucas Ortega y Alamino, arzobispo de San Cristóbal de La Habana, a mons. **Carlos Jesús Patricio Baladrón Valdés.**

Carlos Jesús Patricio Baladrón Valdés nació el 17 de marzo de 1945. Realizó los estudios secundarios en el seminario menor, y después pasó al seminario mayor interdiocesano de La Habana. Recibió la ordenación sacerdotal en 1977, incardinado en Santiago de Cuba. Desempeñó el

---

[7] *L'Osservatore Romano*, edición semanal en lengua española, No. 47, 25 de noviembre de 1991.

ministerio sacerdotal en varias parroquias; trabaja en el campo de apostolado seglar, sector de la juventud, de la Conferencia episcopal; se ha dedicado a los jóvenes, los ancianos, las vocaciones, el ecumenismo, los movimientos laicales y la familia.

—Obispo titular de Cedie y auxiliar de mons. Adolfo Rodríguez Herrera, obispo de Camagüey (Cuba), al pbro. **Mario Eusebio Mestril Vega.**
Mario Eusebio Mestril Vega nació en Nuevitas (Camagüey) el 5 de marzo de 1940. Después de los estudios primarios, entró en el seminario "El Buen Pastor" de La Habana, pero terminó los estudios teológicos en el seminario San Pablo de Ottawa Canadá). Recibió la ordenación sacerdotal en 1964. Ha sido párroco en cuatro localidades de su diócesis: actualmente lo era en la de Ciego de Ávila; ha desempeñado y desempeña cargos de responsabilidad a nivel diocesano y en la curia episcopal; ha sido animador de movimientos del apostolado de los laicos y de acción social y caritativa.

+ + +

Documento VI

Cuba: Añoranza de la estrella de Belén[8]

Con ocasión de la Navidad, mons. Jaime Lucas Ortega y Alamino, arzobispo de San Cristóbal de La Habana, envió a los fieles de la arquidiócesis el siguiente mensaje:

Los preparativos de la Navidad, la fiesta y sus ecos, llenaban el mes de diciembre y se extendían hasta la celebración de los Reyes magos el día 6 de enero.

La Navidad como en cada uno de los países de Iberoamérica, se había inculturado en Cuba, es decir, se había metido en el alma del pueblo cubano. La comida de Nochebuena era muy nuestra; preparada con productos del país: arroz, frijoles negros, cerdo, yuca, dulce de naranja y buñuelos hechos en casa acompañados con melado de caña.

Santa Claus no pudo pisar tierra firme en Cuba. Nuestras familias tradicionales defendieron con calor de trópico a nuestros tres Reyes magos,

---

[8] *L'Osservatore Romano*, edición semanal en lengua española, No. 4, 24 de enero de 1992.

venidos del desierto ardiente, frente al gordo nórdico y bonachón vestido de rojo y con barba de nieve. Los cubanos preferimos, antes que el árbol de Navidad, el nacimiento con el Niño yaciendo en el heno seco entre una vaca y un asno, contemplado con arrobamiento por la Virgen María y San José. Escuelas, establecimientos comerciales, casas particulares, se disputaban en cada pueblo y ciudad cuál había sido el nacimiento más creativo, el más auténtico o el más bonito.

La Nochebuena congregaba a la familia en casa de los abuelos, o en casa del hermano, si los abuelos ya nos habían dejado. Era la gran reunión anual de la familia. Ese día se olvidaban grandes o pequeños agravios y no nos planteábamos problemas: ¡es Navidad!, nos decíamos todos, sabiendo que algo nuevo pasa cada año al celebrar el nacimiento del Niño-Dios.

Todo el fin de año y los comienzos del mes estaban llenos de luces, de espíritu festivo y el 6 de enero era el día de los regalos con su historia de reyes que se volvían diminutos para pasar por las rendijas de las puertas y dejaban los juguetes a los niños. Siempre recuerdo a mi buen obispo Alberto Martín Villaverde, que convertía el obispado de Matanzas en un inmenso almacén y taller de reparación de juguetes. Allí, él mismo, con decenas de católicos, arreglaban y pintaban miles de juguetes. "Repártanlos el 5 de enero en la media noche, avisen a las familias para que los esperen —decía el obispo—, así los niños tendrán sus juguetes al amanecer del día 6".

Soñábamos en aquella época con tiempos distintos en que todos los niños al despertar encontrarían los juguetes que les habían dejado los Reyes. En algunas Navidades tristes por convulsiones políticas, soñábamos con Navidades llenas de paz y felicidad para todos. Pero un poco de tiempo después no hubo más Navidades ni Reyes.

Nunca he escrito algo de este estilo porque nunca he podido aceptar que para escribir sobre la Navidad en Cuba haya que usar los tiempos pasados del verbo. Ninguna explicación sobre la supresión de la Navidad en mi país me ha satisfecho jamás, porque los pueblos necesitan de las tradiciones que agrupan a la familia, cuando dejando a un lado criterios y puntos de vista, nos reencontramos en los amores esenciales, para permitir que broten los sentimientos de ternura, compasión y amistad, que son los más realmente humanos e imprescindibles para la convivencia.

Necesitan los pueblos ese tipo de fiesta. Necesitan los niños, y también los adultos, las leyendas inofensivas que no faltan a ningún pueblo de la tierra. No me acostumbro a niños sin leyenda, ni a ver reunida la familia solamente en la funeraria cuando, tristes, despedimos a un ser querido.

Los católicos hemos tratado de conservar la Navidad contra viento y marea, tanto en su manifestación religiosa —la misa de Gallo, los villancicos, el nacimiento en la Iglesia, la fiesta de los niños del catecismo— como en las familias, que han luchado por comer juntos la noche del 24, por visitarse en esos días.

Pero toda la organización de la sociedad no facilita el que podamos guardar la hermosa tradición navideña.

No hay receso escolar, se suprimieron las vacaciones que se extendían desde Navidad hasta Reyes. Puede ser que el 25 de diciembre un niño de primaria tenga un examen de matemáticas. Es probable que muchos adolescentes estén en esos días en un plan de escuela al campo. Otros adolescentes y jóvenes estudian en escuelas en el campo y no recesan y pasan la Navidad lejos de la familia. Tampoco hay receso laboral el 25 de diciembre, que no es fiesta civil.

No es la ausencia de buenos manjares lo que extrañamos, ni son la nostalgia o la añoranza quienes guían estas líneas; son las carencias espirituales de nuestras familias, es la falta de vivencias de este género en nuestros niños y jóvenes, es esa ausencia de oportunidad para experimentar grandes y profundos sentimientos humanos lo que sentimos como un reclamo. Esa noche del espíritu está esperando una estrella, la estrella de Belén que nos guía a todos hasta el pobre pesebre, donde contemplado por María y José está Jesucristo, el Hijo de Dios hecho hombre.

Con mi bendición, les deseo una feliz Navidad.

+ + +

Documento VII

Nuevo embajador de Cuba
ante la Santa Sede[9]

Juan Pablo II recibió en solemne audiencia al nuevo embajador de Cuba ante la Santa Sede, señor Hermes Herrera Hernández, que el día 2 de marzo por la mañana acudió al Vaticano para presentar las cartas credenciales al Soberano Pontífice.

Un agregado de la antecámara pontificia y dos gentileshombres de Su Santidad fueron a la residencia romana del representante de Cuba y desde allí lo acompañaron a la Ciudad del Vaticano, a donde llegaron a las 10:45.

---

[9]*L'Osservatore Romano*, edición semanal en lengua española, No.10, 6 de marzo de 1992.

En el patio de San Dámaso, una escuadra de la Guardia Suiza Pontificia le rindió honores. Subió, luego, al segundo piso y los agregados de la antecámara papal lo acompañaron hasta la sala Clementina, donde fue recibido por el prefecto de la Casa Pontificia, mons. Dino Monduzzi, obispo titular de Capri, que lo acompañó hasta la biblioteca privada del Papa y lo presentó al Santo Padre. Tuvo lugar entonces la entrega de las cartas credenciales por parte del embajador de Cuba, y el intercambio de discursos en castellano.

Después Juan Pablo II tuvo un coloquio privado con el embajador. Al terminar la audiencia, el señor Herrera Hernández se despidió, en la sala Clementina, del prefecto de la Casa Pontificia y fue a visitar al secretario de Estado, cardenal Angelo Sodano. El representante de Cuba descendió luego a la basílica de San Pedro, donde fue recibido por una delegación del cabildo vaticano. Finalizada la visita al templo vaticano, salió por la puerta de la "Plegaria", donde se despidió de los dignatarios que lo habían recibido, y regresó a su residencia romana.

Discurso del Romano Pontífice

Señor embajador:

Agradezco las amables palabras que me ha dirigido en este acto de presentación de las cartas credenciales que lo acreditan como embajador extraordinario y plenipotenciario de Cuba ante la Santa Sede. Deseo darle ahora mi más cordial bienvenida, a la vez que expreso mis mejores augurios para el buen desarrollo de la alta misión que su Gobierno le ha confiado.

Ha querido usted aludir al supremo bien de la paz y la hermandad entre las naciones. A este propósito, puedo asegurarle que la Santa Sede continuará incansable en su empeño por la edificación de un orden más justo que haga de nuestro mundo un lugar más humano, fraterno y acogedor. En efecto, la Iglesia se esfuerza en esta noble causa por un deber de fidelidad a su vocación de servicio a todos los pueblos, lo cual le permite llevar a cabo su ministerio por encima de motivaciones terrenas o intereses de parte. Como enseña el concilio Vaticano II, "al no estar ligada a ninguna forma particular de civilización humana ni a ningún sistema político, económico o social, la Iglesia, por esta su universalidad, puede constituir un vínculo estrechísimo entre las diferentes naciones y comunidades humanas, con tal de que éstas tengan confianza en ella y reconozcan efectivamente su verdadera libertad para cumplir tal misión" (*Gaudium et spes*, 42).

Pero en el desempeño de esta misión —que es primordialmente de carácter religioso y moral— no se puede prescindir del hombre concreto y de su entorno, ya que es la persona, en su ser histórico, el destinatario directo del Evangelio. Por ello, la Iglesia, "columna y fundamento de la verdad" (I *Tm* 3, 15), en su caminar hacia la ciudad celeste no puede desinteresarse de la ciudad terrestre, sino que, fiel al supremo mandamiento del amor, predica incansable la fraternidad entre los hombres, cuyos legítimos derechos defiende en nombre de la verdad y de la Justicia.

A ello le mueve la conciencia que tiene de la dignidad de la persona humana, creada a imagen y semejanza de Dios (cf. *Gn* 1, 27). Por eso, cualquier forma de ofensa al hombre en su integridad física o moral, en la negación de sus derechos fundamentales, en su reducción a condiciones de pobreza infrahumana o abandono, representa un menosprecio de la voluntad divina. En cambio, promover el bien del hombre y su dignidad es dar gloria a Dios y santificar su nombre. La Iglesia lo hace "utilizando todos y sólo aquellos medios que sean conformes al Evangelio y al bien de todos" (*Gaudium et spes*, 76). Por su parte, los gobernantes, respetando el designio divino sobre el ser humano, cumplen su verdadera misión en favor del bien común cuando —como afirma el Concilio— garantizan "la suma de aquellas condiciones de la vida social mediante las cuales los hombres pueden conseguir con mayor plenitud y facilidad su propia perfección, consistente sobre todo en el respeto de los derechos y deberes de la persona humana" (*Dignitatis humanae*, 6).

Quiero reiterarle, señor embajador, la decidida voluntad de la Santa Sede y de la Iglesia en Cuba de poner todo lo que esté de su parte por favorecer el clima de diálogo y mejor entendimiento con las autoridades y las diversas instituciones de su país. A ello contribuirán, sin duda, los propósitos anunciados de eliminar en la normativa, así como en la actividad administrativa, todo aquello que suponga una discriminación o menor consideración de los ciudadanos que se profesan creyentes y que quieren contribuir lealmente a la prosperidad espiritual y material de la nación. La aceptación de una presencia más activa de los católicos en la vida pública, además de favorecer el diálogo, redundará, sin duda, en bien de la comunidad civil. En efecto, en un Estado de derecho, el reconocimiento pleno y efectivo de la libertad religiosa es a la vez fruto y garantía de las demás libertades civiles, en ello se ve una de las manifestaciones más profundas de la libertad del hombre y una contribución de primer orden para el recto desenvolvimiento de la vida social y de la prosecución del bien común.

Signo de esta voluntad de entendimiento es la entrada en su país de un cierto número de religiosas y algunos sacerdotes. Ellos, llamados a una vocación de servicio desinteresado, dedican sus vidas a la misión evangelizadora de la Iglesia, a mitigar el dolor, a instruir y educar, dando testimonio de abnegada entrega en favor de los más necesitados. Hago votos para que nuevos sacerdotes puedan incorporarse al trabajo apostólico, y así poder atender mejor a las necesidades pastorales de las comunidades eclesiales cubanas.

En su discurso, señor embajador, ha aludido usted al grave problema de la deuda externa y sus consecuencias en la economía y en la vida diaria de poblaciones enteras. En efecto, el coste social y humano que dicha crisis de endeudamiento conlleva hace que tal situación no pueda plantearse en términos exclusivamente económicos o monetarios. Se han de defender y potenciar, pues, los criterios de justicia, equidad y solidaridad que, en un clima de corresponsabilidad y confianza mutua, inspiren aperturas e iniciativas que eviten la frustración de las legítimas aspiraciones de tantos cubanos al desarrollo que les es debido.

Igualmente, ha querido usted referirse a las difíciles circunstancias que atraviesa su país, fruto de los profundos cambios acaecidos en el ámbito de las relaciones internacionales. La Iglesia, fiel a su misión en favor de las grandes causas del hombre, se muestra siempre dispuesta a cooperar para satisfacer las necesidades morales y materiales de la persona humana. Por ello, formulo votos para que su país, gracias a un clima de mayor diálogo y colaboración internacional, pueda superar las dificultades presentes. En este sentido, la Santa Sede no ha dejado de interesarse y ofrecer su apoyo.

Señor embajador, antes de finalizar este encuentro deseo renovarle mis augurios por el buen desarrollo de la alta misión que ahora comienza. Le ruego quiera hacerse intérprete ante el señor presidente, su Gobierno, las autoridades y el pueblo cubano de mi más deferente y cordial saludo, mientras invoco los dones del Altísimo sobre usted, su familia y colaboradores, y particularmente sobre todos los amadísimos hijos de la noble nación cubana.

+ + +

Freedom House

Este Libro es parte del programa de publicaciones de Freedom House dedicado a la promoción de los valores democráticos. Freedom House es una organización independiente sin fines de lucro dedicada a la defensa de los derechos humanos y de los derechos civiles alrededor del mundo. Fundada en 1941 para luchar en contra de la amenaza facista, Freedom House mantiene que la lucha por los derechos humanos tiene que basarse en los más fundamentales principios democráticos. Por más de 40 años Freedom House le ha prestado una atención especial a las condiciones políticas y a la situación de los derechos humanos en Cuba.

Of Human Rights

Fundada en 1975 por un grupo de profesores y estudiantes cubanos en la Universidad de Georgetown, Of Human Rights es una organización independiente, sin fines de lucro dedicada a la defensa de los derechos humanos en Cuba.

Other Cuba Titles Available from Freedom House

Subestimar a Castro es
Marchar Hacia el Desastre
Luis Aguilar Leon, 1990
gratis

Cuba in the Nineties
Edward Gonzalez, Carlos Montaner, Philip Brenner, 1991
$9.95

The Politics of Psychiatry
in Revolutionary Cuba
Charles J. Brown & Armando M. Lago, 1991
$14.95 (paper) $34.95 (cloth)

La Noble Intransigencia de José Martí
Carlos Ripoll
gratis

The Tiger and the Children:
Fidel Castro and the Lessons of History
Roberto Luque Escalona, 1992
$14.95 (paper) $34.95 (cloth)

Inside Cuba
Robert Cox, 1991
gratis

Censura sin Censura
Roberto Casín, 1991
gratis

Sobre el Autor

Christopher Kean es Coordinador de Proyectos Especiales de Freedom House. Kean es graduado de la Escuela de Diplomacia de la Universidad de Georgetown y trabajó para el Foro Cívico, el movimiento democrático que fue electo para gobernar Checoeslovaquia después del colapso del comunismo en 1989-1990. Hijo de una cubana y de un norteamericano, Kean visitó a Cuba por primera vez en 1987 con el propósito de escribir un ensayo sobre el acontecer cubano. Durante su último viaje a la isla a finales de 1991 pudo conocer a varios de los lideres mas importantes del movimiento en pro de los derechos humanos en Cuba.